KB059361

철들지 않은
인생이
즐겁다

다른 사람의 기쁨에서
자신의 기쁨을 발견하는 것이야말로
행복의 비결이다.

_조르주 베르나노스

힘찬 내일을 만들어가는

―――――――― 님께 이 책을 드립니다.

철들지 않은 인생이 즐겁다

사이토 히토리 지음 · 한성례 옮김

비전코리아

첫머리에

흔히 사람들은 성공하기 위해서는 항상 부지런히 일하고 근엄한 얼굴로 쉴 새 없이 이런저런 궁리를 해야 한다고 생각합니다.

그러나 저는 철들지 않아도, 현재를 충분히 즐겨도 성공할 수 있다고 생각합니다.

이런 저의 노하우를 담은 것이 『철들지 않은 인생이 즐겁다』입니다.

왜 성공해야 할까요? 행복해지고 싶기 때문입니다. 사람이 행복해지기 위해서 필요한 것은 아주 '작은 차이의 힘'에 달려 있습니다.

작은 차이의 힘이란 무엇일까요?

한마디로 설명하기는 어렵습니다. 다만 저는 이 책을 쓰는 내내 무척 즐거웠습니다.

'이렇게 조금만 노력하면 행복과 부(富)를 얻게 되다니!'
라는 깨달음을 얻었습니다.

이 책을 읽을 여러분께서 점점 더 행복해질 모습을 상상
하니 기뻤고 가슴이 두근거렸습니다.

틀림없이 여러분도 이 책을 읽고 가슴이 두근거릴 것입
니다.

그리고 당신의 마음속에 잠들어 있는 '작은 차이의 힘'이
깨어나리라고 저는 믿습니다.

사이토 히토리

Contents

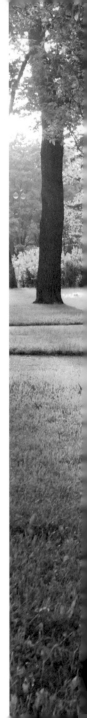

2장 지금 그대로도 충분해요

3장 기대 이상을 보여주는 데 필요한 것

1장

나 자신을
소중하게 여기는
일부터

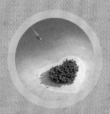

그대의 마음속에
식지 않는 열정을 지녀라.
비로소 그때
당신의 인생은 빛날 것이다.
괴테

그래도
지구는 돈다

●　● 　　지금부터 성공하는 인생에 대한 몇 가지 이야기를
해보겠습니다.

제 사고방식이나 그동안 제자님들에게 가르쳤던 성공의
비결을 알려드리지요.

다만 세간에서 흔히 하는 말과는 조금 다릅니다.

졸저인 『별난 사람이 쓴 성공 법칙』에서 제 자신을 "별난
사람"이라고 표현했는데 글자 그대로 전 영락없는 별종이랍
니다(웃음).

따라서 제가 하는 말에 모든 사람들이 찬성하리라고는 솔
직히 기대하지 않습니다.

저와 의견이 다르다 해도 아무 상관없습니다.

"사이토 씨, 그게 아니라" 하고 이의를 다셔도 괜찮습니다.

제 생각이 틀렸다고 누군가 말한다면 전 틀림없이 바로 그 자리에서 이렇게 얘기할 겁니다.

"사실 그런가도 싶었어요."

어째서 이런 말씀을 드리느냐 하면 '그래도 지구는 돌기' 때문이지요(웃음).

여러분도 아시다시피 옛날에 갈릴레오라는 사람이 있었습니다.

그 사람은 "지구가 돈다"고 했다가 재판정에 서야 했습니다. 재판에서도 지구가 돈다는 주장을 고집할 경우 처형될 판이었습니다.

"지구와 태양 중 어느 쪽이 도는가?"

재판관이 묻자 갈릴레오는 대답했습니다.

"태양이 돕니다."

이 말을 들은 제자들은 깜짝 놀랐습니다. 나중에 갈릴레오에게 따져 물었지요.

"어째서 태양 주위를 지구가 돈다고 말씀하지 않으셨습니까?"

그러자 갈릴레오는 이렇게 말했습니다.

"그래도 지구는 돈다네."

이 이야기는 아주 깊은 뜻이 담긴 일화입니다. 여하튼 대화 중에 나와 상대방의 의견이 다르다 해도 일단은 "그렇군요. 알겠어요" 하며 듣는 것이 히토리 씨 방식입니다.

그러면서 다른 곳에 가서는 내 주장을 고수하면 된다(웃음). 바로 이것이 히토리 씨 방식이지요.

그래도 되냐고요? 괜찮습니다.

나와 의견이 다른 사람과 말씨름해서 이겨봐야 미움만 살 뿐입니다.

무엇보다도 서로 기분이 상할 때까지 옳고 그름을 따질 필요가 있을까요?

누가 옳고 그른지는 아무래도 상관없습니다.

왜냐하면 '그래도 지구는 돌기' 때문이지요.

인생에 있어서 최고의 행복은
우리가 사랑받고 있다는 확신이다.
빅토르 위고

훌륭하다는 건
불편해요

● ●   저는 원래 장사꾼입니다만 가끔 이렇게 책을 쓰거나 강연을 하기도 합니다.

흔히 책을 쓰거나 강연을 한다고 하면 훌륭한 사람으로 여기는 경향이 있습니다. 그러나 저는 그런 사람과는 거리가 멉니다.

저는 중졸이라고 공공연히 말하고 다닙니다.

그런데 중졸이라는 말도 어쩌면 학력 위조가 아닐까 싶군요(웃음).

저는 언제나 해가 중천에 떠야 일어나곤 하는 학생이었으니까요. 그리고 학교에 가서 반 친구들을 웃겨주고 실컷 웃었다 싶으면 집에 돌아오곤 했습니다.

지각한 시간만큼 일찍 조퇴하는 식으로 탁월한 균형 감각을 발휘하며(웃음) 중학 시절을 보냈습니다. 요컨대 중학교도 제대로 다니지 않았다는 뜻입니다.

그렇다고 오해하지는 마세요. 훌륭한 게 나쁘다는 뜻은 아니니까요.

훌륭한 사람이 되고 싶다면 그렇게 하세요. 그렇게 해서 행복해질 수 있다면 훌륭해지세요. 하지만 훌륭하다는 건 불편하답니다.

기독교 신자들이라면 다소 분하게 여길지 모를 이야기를 하나 하겠습니다.

때는 에도 시대, 일본에서 기독교를 탄압하던 시절 '성화 (聖畵) 밟기'라는 것이 있었습니다. 숨은 기독교 신자를 색출하기 위해서 예수의 성화를 밟아보라고 시켰던 강제 행위였습니다.

신앙심이 깊은 사람들은 명령에 따르지 않아 바로 처형당했습니다.

제가 만약 예수였다면 먼저 나서서 그림을 밟았을 겁니다.

그야 스승이 앞장서서 그림을 밟으면 제자들도 뒤따라 밟을 테니까요.

스승이 "다들 밟거라!" 하고 명령하면 제자들 역시 "예, 알겠습니다" 하고 말이지요. 그뿐이잖아요?

예수님도 "죽지 말고 살아라!"라고 말씀하지 않았습니까?

사람은 모두 행복해지기 위해 태어난 존재입니다.
당신은 불행해서는 안 됩니다.

행복의 원칙은
첫째, 어떤 일을 잘할 것.
둘째, 어떤 사람을 사랑할 것.
셋째, 어떤 일에 희망을 가질 것.
칸트

누구나
행복해질 수 있는 이유

●　● 　'인생은 수행이다.'

저는 이렇게 생각합니다.

수행이라고 말한 이상 쉽지 않은 일입니다. 쉽다면 수행이
아니겠지요.

따라서 살다보면 삶이 지겹게 느껴질 때도 있습니다.

물론 히토리 씨나 제자님들도 매일 수행을 합니다. 다만
저희가 행하는 수행은 남들과 달리 아주 즐겁답니다.

예컨대 제자님들과 함께 여행을 갔다가 입구에 들어서자
마자 말문이 막힐 정도로 형편없는 전통여관을 만난 적이 있

습니다.

그러나 그때 우리는 "세상에, 뭐 이런 데가 다 있어?" 하고 불평하지 않았습니다. 그저 이런 게임을 했지요.

"돈 들이지 않고 이 여관을 번창시키는 게임을 합시다. 자, 어떤 방법이 있을까요?"

그러면 모두 저마다 의견을 냅니다.

"입구 분위기를 바꾸면 어떨까요? 청소도 하고."

"이런 요리도 내봐요."

그 전통여관을 놓고 놀이를 한 것입니다.

불평보다는 '어떻게 하면 좋을까?' 생각해봅니다. 그런 생각 자체가 즐거운 게임이니까요.

여러분, 모두 행복해지고 싶으시죠?

"행복이란 무엇입니까?"라고 묻는 사람도 있는데 행복이란 마음으로 느끼는 감정입니다.

이를테면 알프스 산을 보고 '멋있다!' 하며 감격에 겨워 행복을 느끼기도 하겠지요. 하지만 그렇다고 매일 알프스 산을 감

상할 처지는 못 됩니다. 우리는 각자 정해진 위치에 사니까요.

그러나 길가에 핀 민들레를 보고 '어머나! 예뻐라!' 하고 느낀다면 굳이 해외까지 알프스 산을 보러 가지 않아도 행복할 테지요.

이 말은 곧 행복이란, 그 기준을 낮추기만 한다면 언제든 이루어진다는 뜻입니다.

그렇다면 여러분의 가장 큰 행복은 무엇입니까?

"그야 하루 세 끼 배부르게 먹으니 이게 행복 아닙니까?"

이렇게 말하는 이가 있다면 그는 틀림없이 행복한 사람입니다.

따라서 행복이란 '어떻게 생각하면 행복해질까?' 하고 궁리하면 찾아옵니다.

그러나 저희들은 평범하게 고민하지 않습니다. 이 문제도 게임하듯 놀면서 풀지요.

사실 제가 좋아하는 이야기는 아니지만 가끔 양념처럼 사용하는 극단적인 예를 하나 들어보겠습니다. 단팥죽을 만들

때 소금을 약간 치듯이 강렬한 인상을 주어야겠다 싶을 때 하는 이야기입니다.

인간에게는 죽기를 불사하면 불가능한 일이란 없습니다. 뜬금없는 이야기로 들리겠지만 여기에 천만 원 상당의 보석이 있다고 칩시다.

"당신, 이 보석을 팔아오시오."

"네? 제가 무슨 재주로 팔아요?"

그러자 돌아온 대답이 이렇습니다.

"만약 한 달 안에 이 보석을 팔아오지 않으면 총살에 처하겠소."

상황이 이렇게 되면 "내가 무슨 재주로?"라고 말했던 사람은 부모형제를 가리지 않고 자기가 아는 모든 이들에게 전화를 걸어 그 보석을 팔려고 하겠지요.

죽을힘을 다해도 해결되지 않는 일이 '절대로 불가능한 일'입니다. 죽기를 각오해서 이루어질 일은 불가능한 일이 아니라 '가능한 일'입니다.

이 이야기 역시 그다지 하고 싶지 않지만 어디까지나 가정
인 만큼 농담으로 들어주십시오. 지금 당신은 행복하지 않다
고 칩시다.

그런 당신에게 제가 다음과 같이 말합니다.

"지금부터 한 시간 안에 당신이 행복하다는 사실을 모두
에게 증명하지 않으면 총살을 면치 못할 거요."

그러자 당신은 필사적으로 행복한 이유를 찾다가 이렇게
말할지도 모릅니다.

"이야, 역시 아침에 눈을 뜬다는 사실만으로도 행복했어
요! 잠든 채 저세상에 가버린 사람을 생각하니 이보다 행복한
일이 또 있나 싶더군요."

행복해지려고 마음만 먹으면 누구나 지금 그 자
리에서 행복해질 수 있습니다.

당신은 행복한 사람이랍니다.

불가능은
소심한 자의 환상이자
비겁한 자의 도피처다.
나폴레옹

인간이 지닌 기량은
무한대

● ●　　흔히 사람에게는 그 사람만이 지닌 기량이 있다
고 합니다. 그런데 사실 인간의 기량은 늘어납니다.

얼마든지 확대됩니다.

여러분도 '기량을 늘리고 싶다'고 욕심을 내십시오.

사람에게는 무한한 기량이 있습니다.

한마디로 무한대입니다.

인간은 거대한 우주는 물론 나아가 은하계까지도 머릿속
상상으로 그려냅니다. 다시 말해서 인간이란 엄청나게 무한
한 기량을 품은 그릇이라는 뜻입니다.

자신이 지구 위에 서 있는 모습을 떠올려보세요.

그런 상상이 가능하다는 말은 이 지구를 삼켜버릴 만큼의 상상력이 본래부터 당신 안에 존재했다는 의미입니다.

그런데도 사람들은 대부분 일상생활에서 부딪히는 자잘한 문제에 대해 '이래서 안 돼, 저래서 안 돼' 하며 안달하거나 부정적인 생각만 하기 바쁩니다.

이제 그런 사고방식은 버릴 때가 됐지 않습니까?

"회사 사람들이 칙칙해서 하나같이 마음에 안 들어"라고 투덜댑니다. 그런데 주위 사람들이 칙칙하든 말든 당신과 무슨 상관이 있을까요?

칠판이 어둡기 때문에 하얀 분필이 도드라지는 이치를 생각해봅시다. 주위 사람들이 칙칙한 만큼 당신은 밝게 생활하면 그만입니다.

그렇게 작은 차이만으로도 인생은 엄청난 변화를 일으킵니다.

당신 주변에 못마땅한 사람이 하나씩 끼어드는 이유도 같은 이치입니다. 못마땅한 사람이 등장해야 호감가는 사람이 눈에 띕니다. 그러니 상대방을 고치려 들 필요가 없습니다.

못마땅한 사람이 있어준 덕분에 호감가는 사람이 빛을 발하니까요.

"우리 회사에 듣기 싫은 소리만 골라 하는 부장이 있거든. 그 인간 정말 짜증나."

이렇게 험담만 하기보다 그 부장이 하는 행동을 자신이 하지 않으면 됩니다.

남에게 윽박지르기만 하는 사람을 보고 싫다고 느꼈다면 자신부터 다른 사람에게 친절하면 될 일입니다.

그런 식으로 못마땅한 사람이 하는 행동과 정반대로 처신하면 당신이 단연 두드러지겠지요.

짜증을 유발했던 그 사람은 이렇게 정리하면 그만입니다.

"저 인간은 나를 단련시키라고 일부러 신이 보낸 녀석일 거야."(웃음)

지혜와 용기,
둘 중 하나가 없으면
완전한 행복은 불가능하다.
그라시안

인생은
4구 당구

● ● 　저는 제 자신을 '히토리 씨'라고 부릅니다.

스스로에게 존칭을 생략하는 일이란 이제 저에게는 도저히 생각할 수 없는 일입니다(웃음).

요컨대 히토리 씨라는 명칭은 그만큼 자신을 소중히 여기고 사랑한다는 뜻이지요.

한편으로 저의 제자님들, 그 중에서도 저보다 나이가 한참 어린 제자님들에게까지 "누구 씨"라고 존칭을 붙입니다. 그 외의 사람을 부를 때도 존칭을 빼놓지 않습니다.

그 이유는 스스로에게 존칭을 붙일 정도로 자신을 소중히 여기는 만큼 다른 사람 역시 중요하게 생각하기 때문입니다.

'난 소중해'라고 하면 대개는 "그건 바람직하지 않은 생각"이라며 탐탁지 않게 여길지 모르지만, 사실 '나만 소중해'라는 생각이 더욱 바람직하지 못합니다.

"난 소중해"와 "나만 소중해"라는 말은 얼핏 비슷하게 들리지만 전혀 다릅니다. 업무에서나 인간관계에서나 전혀 다른 결과를 가져옵니다.

인생은 4구 당구와 같습니다.

4구 당구는 당구대 위에 빨간 공 2개와 하얀 공 2개, 모두 공 4개를 놓고 하는 게임입니다. 내가 하얀 공을 쳐서 빨간 공과 하얀 공을 '따닥' 하고 맞히면 2점을 얻습니다. 빨간 공끼리 맞히면 3점입니다.

요컨대 공 2개를 맞혀야 점수를 얻습니다. 자기 공 1개를 쳐서 다른 공 2개에 맞히면 되는 게임입니다. 그리고 나머지 1개까지 연이어 공 3개를 맞히면 5점을 얻습니다.

어머니께서는 당구를 아주 좋아하셔서 제가 어릴 때 종종 당구장에 데려가곤 하셨습니다. 저는 4구 당구를 꼼짝 않고 구경하며 이런 생각을 했습니다.

'이것이 바로 인생이구나!'

왜냐하면 공 1개만 맞혀봐야 0점이니까요.

인생도 마찬가지입니다. 자기 자신만 생각해서는 소용이 없습니다.

나를 위하고 남을 위할 때 비로소 점수를 얻습니다. 행복합니다.

공 2개를 맞춘 데다 1개 더 맞혀보세요. 자기를 위하고 남을 위하고. 사회를 위해서도 '이건 틀림없어!'라고 믿는 일이라면 5점짜리입니다.

그러나 남 또는 사회만을 위한 행동은 뜻밖에도 별다른 성과를 내지 못합니다. 0점이지요. 이해가 되시나요?

따라서 어떤 장사를 하더라도 그것이 나를 위하고 남을 위하고 나아가 사회를 위한 일이라면 틀림없이 성공합니다.

성공하는 비결이란 이것이 전부입니다.

왜냐하면 남을 위해서만 하는 일이라면 자신이 축나서 포기하게 되고 오래 지속하지 못합니다.

그러나 나도 좋고 남도 위하는 일이라면 지속됩니다. 이런 경우에는 다만 맞힌 공이 2개밖에 되지 않으므로 점수는 적습니다.

자기와 남이라는 공 2개에다 '사회를 위한 일'이라는 공까지 맞힌다면 5점짜리입니다.

그런 의미에서 제가 운영하는 건강보조식품 회사인 '파니우쓰겐끼(パニウツ元気)' 같은 경우는 파는 쪽에서도 장사하는 보람이 있고, 구입하는 분들도 만족해하는 바람직한 사례입니다.

달리 말해서 우울증으로 방에만 틀어박혀 지내던 사람, 더 이상 살고 싶지 않다며 생을 포기하려던 사람이 밝고 건강해진다면 사회에 도움이 되는 일입니다.

바로 그런 상품을 만들어낼 때 반드시 성공합니다.

따라서 장사란 실제로 하기 전부터 성공 여부가

판가름 나 있습니다.

그런데 당신은 혼자만 득보려는 생각으로 일하지는 않습니까?

그런 종류의 일은 처음 얼마간은 잘될지 몰라도 오래가지 못합니다.

4구 당구의 법칙은 장사뿐만 아니라 모든 일에 들어맞습니다.

이 규칙을 염두에 두면 틀림없이 몸소 깨닫는 바가 있으리라 믿습니다.

행복하게 사는 방법이 무엇인지 말이지요.

사람을 강하게 만드는 것은
사람이 하는 일이 아니라,
하고자 노력하는 데 있다.
헤밍웨이

성공의 비결은
10년 후가 아닌
한발 앞

● ● 　일 이야기를 조금 해봅시다.

"저 사람, 너무 앞서가지 않아?" 하고 주위에서 우려 섞인 이야기를 듣는 사람이 있습니다.

이런 말도 들립니다.

"10년 후였다면 성공할 사람인데 말이야."

그러나 그 사람은 10년 후에도 성공하지 못합니다.

왜냐하면 그는 항상 10년 앞에 가 있거든요(웃음).

황당한 이야기를 하나 해볼까요? 경마에서 곧 시작할 경주가 다섯번째 경주라면 그 다섯번째 경주에서 1등을 맞춰야겠지요. 다섯번째 경주에서 우승할 말이 2-5번 말이라면 마권을 사서 2-5번 말에 돈을 걸면 됩니다.

그런데 여섯번째 경주에서 1-4번 말이 유력한 우승 후보라고 해서 다섯번째 경주 때 그 말에 건다면 배당금은 돌아오지 않습니다.

배당금을 받고 싶다면 곧 시작할 경주에서 우승할 말을 맞춰야 합니다.

그리고 그 경주에서 우승한 말을 맞췄으면 다시 다음 경주에서도 맞춘다, 이런 식이지요. 이해가 되시나요?

일도 이와 같습니다.

앞으로 곧 다가올 일을 적중시키면 됩니다.

지금보다 한 발짝만 앞서 예상하면 됩니다.

10년 뒤, 20년 뒤를 예측해봐야 소용없습니다.

10년 뒤에 일어날 일은 그때 가서 맞추면 되니까요.

언제나 한 발짝만 앞서 읽으면 됩니다.

그리고 한 계단만 위로 올라가면 됩니다.

모든 장사가 그렇듯 상품에는 수명이 있습니다.

왜냐하면 인간은 쉽게 싫증을 내는 동물이니까요.

그러므로 지금 시중에 나와 있는 상품이 사라지기 전에 다음 상품을 내고, 또 그 상품이 사라지기 전에 다음 상품을 내고, 또 다음 상품을 내는 식으로 팔릴 만한 상품을 쉬지 않고 계속해서 만들어내야 합니다.

게다가 일의 비결이란 이런 것입니다. 잘 기억해두세요.

"일은 돈벌이다"라고 말하기도 하지만 단순하게 돈을 버는 것보다 더욱 중요한 것이 있습니다.

바로 '계속해서 버는' 돈벌이여야 합니다.

돈을 번다고 할 때, 돈은 사기를 쳐도 벌립니다. 그러나 계속해서 벌리지는 않습니다.

사기를 치면 언젠가는 체포되거나 소송을 당하거나 손님에게 쫓기는 신세가 되기 때문입니다.

그러므로 계속해서 돈을 버는 것이 진정한 '일'입니다.

상품은 살아 있는 생물과도 같습니다. 새롭게 바꿔가며 끊임없이 내놓아야 합니다.

또한 상품으로 나온 이상 세상에 도움이 되어야 합니다.

그래야 다음 일로 이어집니다.

어떤 일이든 마찬가지입니다. 지속적으로 돈이 들어와야 합니다.

게다가 그렇게 지속되는 장사가 사회에도 도움이 됩니다.

요컨대 지속적인 돈벌이를 해야 한다는 말입니다.

그러기 위해서는 항상 한발 앞을 읽는 눈이 필요합니다.

사실 10년 뒤에 일어날 일은 누구나 예상이 가능합니다. "장차 이런 세상이 온다"라고 예견했다가 적중시키는 사람들이 수두룩합니다. 당장 서점에만 나가봐도 '미래예측서'라는 이름으로 얼마나 숱한 책들이 존재합니까? 그들은 좁게는 우리나라 넓게는 아시아 혹은 세계의 흐름까지도 미리 읽을 수 있다고 장담합니다.

다만 문제는 한발 앞을 읽는 사람이 적다는 사실입니다.

그러니 스스로 지금보다 한발 앞을 내다보는 안목을 기른다면 상승일로는 따놓은 당상이겠지요.

해야 할 것을 하라.
모든 것은 타인의 행복을 위해서
동시에 나의 행복을 위해서다.
톨스토이

불경기에도 잘되는 집의 비결

●　●　　흔히 "장사는 하기 나름이다"라고 합니다.

이 말이 무슨 뜻인지 아시나요?

장사가 안 돼서 파리만 날리는 라면가게가 있다고 합시다.

메뉴판에는 군만두에서 볶음밥까지 없는 게 없습니다. 그
중에 가장 잘 팔리는 메뉴는 메밀국수에 채소, 해물, 고기 등
갖가지 재료를 곁들인 고모쿠소바라고 합시다.

"아, 고모쿠소바는 인기가 있군요. 하지만 정작 라면을 찾
는 손님은 없나봐요. 군만두도 그렇고요."

대개 이렇게 말하기 쉽지만 제 생각은 다릅니다.

저라면 이렇게 말하겠습니다.

"군만두가 인기가 없는 게 아닙니다. 라면이 인기가 없는 게 아니에요."

왜냐하면 라면이 잘 안 팔린다면 요새 가장 잘나가는 라면 가게에 가서 먹어보고 자기 가게의 라면 맛을 바꾸면 되니까요. 마찬가지로 군만두도 맛을 바꾸면 됩니다.

그런데 그런 노력을 전혀 하지 않으니까 라면과 군만두가 안 팔리는 겁니다. 다시 말해 더 맛있는 라면을 만들려 하지 않는 '당신'이 인기가 없다는 뜻입니다.

손님 입맛에 맞지 않는 라면을 계속 팔면서 손님이 안 온다느니 불경기라느니 탓하는 그 인간성이 인기가 없을 따름입니다.

결국 가장 중요한 것은 '인기'입니다.

인기(人氣)란 사람(人)의 기운(氣) 즉, 애정을 뜻합니다.

라면가게 주인에게는 바로 그 애정이 부족했습니다.

손님이 줄을 서는 라면가게에서는 국물 맛이 진한 라면을 판다고 합시다. 그런데도 이 가게 주인 혼자만 "우리 가게의 라면은 개운한 국물 맛이 일품이랍니다"라고 내세운다는 겁니다.

바로 그런 태도가 '애정'이 없다는 뜻입니다.

자기에게만 맛있는 라면은 집에서 혼자 만들어 드세요.

장사는 모름지기 손님 취향에 맞춰야 합니다.

그런 기본 자세도 없이 "손님들은 라면의 참맛을 몰라"라고 나오다니 당신은 정말 상황과 분위기 파악 못하는 사람입니다.

분위기 파악을 못한다는 말은 단순히 어떤 분위기인지 모른다는 뜻이 아닙니다. 애정이 없다는 뜻이지요.

분위기 파악을 못하는 사람은 상대가 들으면 기분 나쁜 말인 줄 알면서도 그 말을 합니다.

그런 사람은 상황이나 분위기 파악을 못해서가 아니라 애정이 없는 탓입니다.

다시 말하면 다른 사람에 대한 배려가 없다는 뜻입니다.

현명한 사람의 불행은
우둔한 사람의 번영보다 훨씬 훌륭하다.
에피크루스

나 먼저 생각하는 것은
본능

●　●　　"자신을 사랑하고 남을 사랑하라."

이 말은 제가 제자님들에게 자주 전하고 있는 가르침 중 하나입니다.

보통은 '남을 사랑하라'가 앞에 나오지만 히토리 씨는 다릅니다. '자신을 사랑하라'가 우선입니다.

왜냐하면 사람의 뇌 구조 때문입니다.

당신이 직장인인데 근무하는 회사가 도산 직전이라고 생각해봅시다. 그럴 때는 우선 이렇게 마음을 가라앉혀야 합니다.

'나는 저축해둔 돈이 이만큼 있고 실업급여도 나온다. 실

업급여를 받는 동안 어떻게든 취직 자리를 구할 테니까 나도 우리 가족도 문제없어.'

동료들에 대한 걱정은 그다음입니다.

'내가 어떻게 도와야 할까?'

'그동안 사장님께서 베풀어주신 은혜를 어떻게 갚아야 하지?'

이렇게 생각해야 합니다.

냉정해 보일지 모르지만 먼저 자기 앞가림을 해야 남을 도울 방법이 떠오릅니다.

뇌의 구조가 그렇기 때문입니다.

인간의 뇌는 자신을 먼저 지키는 구조로 만들어졌습니다.

그래서 '난 이제 먹고살 만하니 행복해'라고 느껴야 그다음 순서로 '남들도 행복해졌으면 좋겠어'라고 인정을 베풉니다.

자신의 일을 완전히 잊고 지내는 사람을 보면 많은 이들이

'정말 대단하다', '존경스러워'라고 생각합니다. 하지만 자기 자신을 사랑하지 않고 남을 사랑하는 일이 가능할 리 없습니다.

설령 가능하다 한들 이는 1층을 짓지 않은 채 2층부터 집을 세우는 격입니다.

자신을 사랑하지 않는 사람은 기반이라 할 1층이 없는 셈입니다.

우리는 오래 살기 위해서가 아니라
옳게 살기 위해 노력해야 한다.
세네카

자신을 잊고
살고 있지 않습니까?

● ●   제갈공명은 정치면 정치, 전쟁이면 전쟁, 모든 면
에서 천재적인 능력을 소유하고 있었습니다. 그는 자신을 잊
은 채 군주에게 충성을 바쳤습니다.

그러나 제갈공명이 죽고 나서 남은 것이라고는 미인이라
말하기 힘든 부인과 손바닥만 한 밭뙈기, 뽕나무인지 대추나
무인지 모를 나무 한 그루가 전부였다고 합니다.

제갈공명 같은 뛰어난 천재도 자기 자신을 잊으면 천하를
얻지 못합니다.

어째서 자기다움을 잃은 사람은 천하를 얻지 못할까요?

그런 사람은 반드시 남들도 자기만큼 뛰어나야 한다는 분

위기를 자아내거든요.

내가 참으니 너도 참으라는 분위기를 만듭니다. 자기가 못생긴 아내에 만족하며 사니 너도 그래야 한다는 것입니다.

하지만 부하와 당신은 처지가 다릅니다.

'전쟁이 나겠구나' 할 때면 부하는 오늘로 죽을지도 모릅니다. 내일은 목이 달아날지도 모르는 일입니다.

'이제 죽은 목숨이구나' 싶을 때는 기생을 전부 불러다 잔치를 벌여서라도 잘 배웅해야죠(웃음).

그러니까 전쟁에 나서기 직전 "자, 오늘은 성대하게 즐겨보자!"라고 말하는 장수와 "경거망동을 삼가고 근신하라"고 말하는 장수가 있다면, 과연 부하는 누구를 따를까요?

당연히 성대하게 즐겨보자는 장수를 택하겠지요.

게다가 대장이 소박하고 검소하게 살면 부하도 수수하고 칙칙하게 살아야 하는 분위기가 형성됩니다.

그래서야 인생이 재미있겠어요?

부하들 인생마저 암울해지겠지요.

이제까지의 이런 저런 역사를 한번 돌아보세요.

자신을 잊고 다른 목표를 추진했던 사람들은 끝내 자결하거나 불행해졌고 나라까지 망쳐버린 경우도 있으니까요.

인생이 잘 안 풀린다는 사람은 분명 뇌 구조를 무시하고 삽니다.

인생의 성공도 그렇지만 '지킨다는 것'은 나 자신을 지키는 일부터 시작합니다.

나를 지키고 회사를 지키고 단골을 지키고…….

나 자신이 중심이 되지 않으면 파문은 밖을 향해 퍼져나가지 못합니다.

때문에 장사에 있어서도 나를 위하고 나서 다른 이들을 위하고, 또한 사회에도 도움이 되어야 합니다. 이것이 장사의 순리입니다. 잘 생각해보세요. 지극히 당연한 일임을 알게 됩니다.

그러니까 세상의 순리를 따르세요.

하늘도 순리를 따르는 사람의 편이니까요.

현명한 사람은
모든 것을 자신의 내부에서 찾고
어리석은 사람은
타인에게서 찾는다.
공자

또 만나고 싶은
사람이 되는 법

● ●   세상사에는 마땅히 따라야 할 순리가 있습니다.
그 순리에 따르기만 하면 인생은 잘 풀리기 마련입니다.

그런데 대부분의 사람들은 편한 길만 찾다가 순리에서 어긋나고 맙니다.

순리를 져버리고 성공한 사람이 있다며 대단하게 여기지만 그런 사람이 세상에 있을 리 없습니다.

그런데도 그렇게 보이는 사람 말에 솔깃했다가 결국 속아 넘어가서 돈을 뺏기죠. 이는 속아 넘어간 사람 역시 순리에서 벗어났기 때문입니다.

일전에 어떤 사람이 말하기를 누군가가 "손 좀 내밀어봐"라고 하기에 손을 내밀었더니 귤이 툭 떨어지더랍니다.

"없던 귤이 툭 떨어지다니 아무리 생각해도 신기하다."

그래서 저는 이렇게 말했습니다.

"신기할 것도 없어. 마술이잖아."(웃음)

마술을 제대로 배워보면 없던 귤이 나오더라도 거기에는 제대로 된 과정이 있음을 알게 됩니다. 모든 일에는 반드시 순리가 있습니다.

그러니까 언뜻 신기하게만 보이는 현상이라 해도 순리와 무관하지 않습니다. 정말로 그렇습니다.

제가 아는 사람 가운데 마술 기법을 고안해내는 일을 하는 이가 있습니다.

그 사람은 자나 깨나 마술만 생각합니다. '어떤 식으로 귤을 꺼낼까?'와 같이 이렇게 했더니 저렇게 되더라는 이치를 말이지요.

그래서 일전에 비둘기를 꺼내는 마술을 볼 기회가 있었습니다. 그는 마그네슘을 사용해서 비둘기를 꺼냈습니다.

마그네슘이란, 옛날에 사진을 찍을 때 사용하던 물질로 여기에 불을 붙이면 번쩍 빛이 납니다. 마그네슘 가루를 넣고 불을 붙여서 번쩍 하고 플래시를 터뜨리는 거예요. 옛날에는 그렇게 해서 사진을 찍었답니다.

비둘기를 꺼내는 마술은 바로 이 현상을 응용했습니다. 마그네슘 가루를 손에 숨겨 들고 거기에 불을 붙입니다. 그러면 번쩍 빛이 나며 몇 초 동안 눈이 부셔 앞이 보이지 않습니다.

이때 마그네슘에 불을 붙이는 동시에 비둘기를 손에 얹습니다. 관객은 순간적으로 눈이 너무 부셔서 몇 초 동안은 앞을 보지 못합니다. 빛이 너무 강렬해서요.

빛이 번쩍여서 눈앞이 안 보이게 되는 순간 재빨리 비둘기를 꺼내 손에 올리는 겁니다. 그러면 마치 빛 속에서 비둘기가 튀어나온 것처럼 보인답니다.

마술을 하는 사람은 착시현상이나 인간의 인지구조를 철저하게 연구합니다. 관객은 그 사실을 모르니까 "굉장하다! 신기하다!"라며 감탄하지만, 마술사 입장에서는 연구 결과이기 때문에 신기할 것이 없습니다.

　그와 마찬가지로 제가 여러 가지 아이디어를 내서 많은 성공을 일으키는 데도 이치가 있습니다.

　이치가 있기 때문에 "이렇게 하면 좋습니다"라는 식으로 다른 사람에게 가르치기도 한답니다.

　그래서 전 제자님들에게 가장 먼저 "옷을 밝은색으로 입으면 좋답니다", "웃는 얼굴을 하면 복이 와요"라고 가르칩니다. 또한 말을 하는 데도 이치가 있습니다.

　"운이 좋아, 기뻐, 즐거워, 감사합니다, 행복해, 고마워, 용서할게요" 같은 말을 해야 합니다.

　이런 천국의 말을 입에 담고 천국의 생각을 하면 나에게서 나오는 파동이 달라지고, 그로 인해 인상이 달라지면 불러들이는 현상 또한 달라집니다. 좋은 일이 생깁니다.

　제게 있어 이런 변화는 전혀 신기한 일이 아닙니다.

　"사이토 씨는 참 신기한 말씀을 하시네요."

모르는 사람은 이렇게 말하겠죠. 그렇지만 당신이 어두운 표정, 시무룩한 얼굴로 "난 참 운도 없지"라며 불평과 푸념만 늘어놓으면 모두가 당신을 싫어하게 됩니다.

당신과 만나기 싫어진다는 뜻입니다.

알고보면 세상 모든 일은 운이든 돈이든 사람이 불러들인답니다.

돈이나 지갑이 자기 혼자 걸어오지는 못하잖아요? 행운조차도 사람이 불러들이기 마련이지요.

밝은색 옷차림도 웃는 얼굴도 천국의 말도, 다른 사람의 호감을 사서 '이 사람과 또 만나고 싶다'라고 생각하게 만드는 요령입니다.

그러니까 제 가르침은 하나도 이상하지 않습니다. 그저 이치에 따랐을 뿐이니까요.

핀란드의 수도 헬싱키의 중심부에는 '바위교회'라는 이상한 이름의 교회가 있습니다. 오늘날 이 교회는 세계적으로 유명한 하나의 관광 코스가 되었습니다. 원래 헬싱키 시에서는 효율적으로 토지를 이용하기 위해, 도시의 한가운데에 교회를 짓지 못하도록 교회 신축 토지허가를 법으로 규제하고 있었습니다.

그런데도 바위교회만은 예외로 세워지게 된 데는 다음과 같은 이유가 있습니다.

교회 재단에서 시의 허락을 받기 위해 고민하던 중 건축가 두 사람이 기발한 아이디어를 제의했습니다. 그것은 헬싱키의 도시 한가운데 있는 큰 바위를 이용하자는 것이었습니다. 이 바위는 너무 거대했기 때문에 시에서 없애지도 못하고 이용할 수도 없어서 그대로 방치해두고 있는 애물단지였습니다. 두 건축가가 내놓은 아이디어는 다음과 같았습니다.

"교회 건물이라고 해서 반드시 땅 위에 기초를 닦고 기둥을 세워 지붕을 덮어야 된다는 법은 없습니다. 바위 속을 그대로 파내 문만 뚫어놓으면 훌륭한 교회가 될 것 아니겠습니까? 이렇게 해놓으면 시에서도 새로운 토지를 사용하지 않고 바위 속을 뚫어 지붕만

덮어놓았으니, 그대로 바위이지 달라진 것은 없으니까 아무 말도 못할 것입니다."

그래서 교회에서는 곧 그 아이디어를 구체화시켜 시에 요청했고 시에서는 새로운 토지를 허가해달라는 것도 아니고, 처치 곤란한 바위를 교회로 이용하겠다는 청을 거절할 수 없어서 허락했습니다.

건축가의 말대로 바위의 속을 파고 지붕을 덮고 문을 달아놓으니 훌륭한 바위교회가 탄생해 세계적인 명물이 된 것입니다.

세상에 안 되는 일은 없습니다. 안 된다고 포기하는 사람이 있을 뿐입니다. 안 되는 것도 되게 하는 것이 지혜로운 사람의 행동 아닐까요? 〈역경(易經)〉에 "궁즉변 변즉통(窮則變變則通)"이라는 명구가 있습니다. '궁하면 변해야 하고 변하면 통한다'는 진리를 담은 말이지요. 궁하면 통한다는 말을 명심하고 우리 모두 새로운 아이디어를 개발해 어려운 현실을 극복해나갑시다.

•• 스스로 행동하는 힘

어떤 축구팀에 아주 게으르기로 소문난 느림보 선수가 있었습니다. 그는 환호받기를 좋아했지만 노력은 하지 않았습니다. 경기며칠 전 그에게 전보가 왔습니다.

"사랑하는 아들아, 네 아버지가 세상을 떠나셨다. 곧장 집으로 오너라."

그런데 그 선수는 집으로 가지 않고 시합 날까지 경기장 벤치에 있었습니다. 시합 종이 울리자마자 선수는 코치에게 말했습니다.

"코치님! 오늘 제가 뛰면 안 되겠습니까?"

"안 돼. 지금은 네가 고향에 가 있을 시간이고 이번 시합은 아주 중요하단 말이야. 오늘은 모든 선수를 다 뛰게 할 거지만 너는 예외야."

냉정한 코치의 말에도 불구하고 그는 코치를 따라다니며 졸랐습니다.

"코치님! 제발 저를 뛰게 해주세요. 코치님, 저는 꼭 뛰어야 합니다."

전반 45분이 일방적인 열세로 끝나고 그 팀은 후반전에 경기장에 나가 최선을 다했으나 계속 열세에 몰리고 있었습니다. 게으른 선수가 와서 또 애원을 했습니다. 코치가 점수판을 올려다보며 다 된 경기라고 생각했는지 승낙을 했습니다. 경기장에 들어서자 그는 예상 밖으로 잘 달리고 패스도 잘하고 잘 막아냈습니다. 팀의 활기 가 솟아났습니다. 게임 종료 몇 초를 남기고 그는 상대편의 결정적 인 패스를 차단하고 득점으로 연결시켜 역전승을 거두었습니다. 코 치가 평소 게을렀던 선수에게 물었습니다.

"도대체 어떻게 이런 일이 있을 수 있지?"

"코치님, 저의 아버님께서 지난주에 돌아가신 것 아시죠? 아버 지는 장님이었습니다. 그런데 오늘 처음으로 아버지께서 제 경기를 보러 오셨을 겁니다!"

동기부여에는 두 가지가 있습니다. 스스로 하는 내적인 동기부 여와 누가 시켜서 하는 외적인 동기부여입니다. 그러나 가장 큰 힘 을 발휘하는 것은 내적인 동기부여입니다. 우리 모두 스스로 행동 하도록 노력합시다.

- 노력하는 당신이 바로 기적
- 하늘이 내게 행복해지라고 말한다
- 피망은 피망대로 고추는 고추대로
- 콩 심은 데 콩이 안 날 때
- 작은 차이를 만들어내면 성공

2장

지금
그대로도
충분해요

당신은
자신의 이마에서 흘린 땀으로
빵을 얻지 않으면 안 된다.
톨스토이

노력하는 당신이
바로 기적

● ●　　지구는 신이 인간에게 부여한 수행의 장소입니다.

그리고 우리는 감사함을 배우라고 선택받아 이곳에 태어났습니다.

살면서 일이 잘 안 풀리거나 병에 걸리기도 하지만 그것 역시 감사를 배우기 위한 수행입니다. 따라서 척척 감사하는 마음을 배우면 됩니다.

"내 주위 것에 감사하면 일도 잘 풀리고 건강도 좋아져요."

저는 이렇게 말합니다. 하지만 생각만 해서는 안 됩니다. 그것만으로는 부족합니다.

지구라는 장소는 생각하며 행동으로 옮기는 '행동 미학의
별'입니다.

이해하기 어려운가요?

저세상은 '상념의 세계'로 내 생각이 그대로 이루어지는
세계입니다. 하지만 이 세상은 다릅니다.

이 세상에서는 생각만으로 일어나는 기적이 있어서는 안
됩니다.

아니, 안 된다기보다 신의 섭리에 어긋난다고 하겠습니다.
모든 일에는 과정이 있어야 하니까요.

참고로 제가 말하는 신이란 조물주를 가리킵니다. 어디까
지나 제 생각입니다만.

지구에는 밀이라는 씨앗이 존재합니다. 피망도 있고 고추
도 있습니다.

사막에는 그곳 환경에 적합한 식물이 있고 잉카 제국의 고
지대에는 그곳에서 자라는 감자가 있습니다. 이처럼 사람이
살아가는 데 필요한 요소가 산, 바다, 강 모든 지역에 걸쳐 오

래전부터 존재해왔습니다.

이 얼마나 경이로운지요.

씨앗이 밀이 되고 피망이 되고 고추가 됩니다.

똑같은 햇빛을 받고 똑같은 대지에 심었지만 빨간 것, 파란 것이 제각기 자라납니다. 줄기나 열매의 크기도 모두 다릅니다. 이것이 바로 기적입니다.

누가 이런 기적을 일으킬까요? 저에게 묻는다면 그야 바로 신이라고 대답하겠습니다.

그러나 신이라고 해서 무엇이든 가능하다고는 생각하지 않습니다.

이 세상에는 신의 창조물과 마찬가지로 소중한 '인간의 노력'이 있습니다.

신의 창조물은 감자 한 알조차 기적입니다. 옥수수라 해도 기적 그 자체입니다. 어떻게 이런 씨앗이 있는지 정말 신기하지요.

오랜 세월에 걸쳐 세상 곳곳에 사람이 살아갈 만한 환경이 갖춰져 있다는 사실은 정말 대단합니다.

그 사실은 분명 대단하지만 계단식 밭을 일구고 그 밭에 물을 대는 노력은 인간이 행해온 일입니다.

밭을 갈아 밀농사를 짓고 그것을 빻아 가루로 만들어 빵을 굽습니다.

그러니 생각만 한다고 어디선가 빵이 툭 튀어나오는 것 자체가 지구상에서는 있을 수 없는 일입니다.

보통 사람 같으면 '신의 능력이라면 가능하다'고 생각하겠지만 도리어 그런 일을 일으키지 않는 것이야말로 신의 힘이라고 생각합니다.

그래도 당신이 '신의 능력이라면 그런 것도 가능케 할 수 있다'고 믿고 싶다면 그대로 밀고 나가십시오.

"아무개가 뚝딱 빵을 만들어내서 여러 사람을 살렸대. 굉장하지!"

이렇게 믿어도 좋습니다.

하지만 야마자키 제빵회사 같은 곳에서는 매일 빵을 만들어 하루에도 몇 만 명을 먹여 살리잖아요? 그 회사에 초능력자는 한 사람도 없는데 말이지요.

　　이웃집 아주머니, 땀 흘려 밀농사를 짓는 사람…… 제빵회사는 이런 사람들이 모여 이루어졌습니다.

　　굉장한 일 아닌가요?

　　지극히 평범한 아저씨, 아줌마들이 묵묵히 일해서 몇 만 명을 먹여 살리니까요.

　　제가 보기에는 이쪽이 더 기적 같습니다.

　　감자나 피망 같은 신이 창조한 씨앗도 기적이지만, 뛰어난 능력이랄 것도 없는 평범한 인간들이 열심히 일해서 사람들을 먹여 살리는 일도 기적이랍니다.

　　이렇게 따지면 가장이 식구들을 위해 회사를 다닌다거나 부모님이 우리를 키워주신 일 자체도 엄청난 기적입니다.

그러므로 앞에서도 말했듯이 저는 기본적으로 신이라서 혹은 신의 능력을 지녔기 때문에 기적을 일으킨다고는 생각하지 않습니다.

신의 기적 따위 없이도 밀알을 심고 가루를 내면 누구라도 빵을 굽는답니다.

이 공정을 뛰어넘었다고 해서 대단한 일은 아닌 겁니다.

영화 속에서 나오는 '짠' 하는 등장보다 누군가 노력해서 일군 그 무엇이 더 큰 의미를 지니고 있으니까요.

이 세상은 신이 만든 순리를 따릅니다.

신의 이름을 들먹인다고 그 순리를 거스르지는 못하는 법입니다.

씨앗을 만들어주신 일은 신께 감사하십시오.

그리고 밭을 일구고 나머지는 적당한 날씨를 주시길 기원할 뿐입니다.

곡식이 잘 자라려면 햇빛도 필요하지만 비도 내려야 하니까요.

그러므로 사람은 힘껏 노력하되 신이 만들어주신 것들에는 감사해야겠지요. 그리고 노력을 다한 후에는 날씨에 감사하고 수확한 결실에 감사하면서 먹어야 합니다.

모든 성공이 이런 과정을 거칩니다.
인생사 모든 일이 이와 같습니다.

마음이 유쾌하면 종일 걸을 수 있고
괴로움이 있으면 짧은 길에도 지친다.
세익스피어

하늘이 내게
행복하라고 말한다

● ● 　흔히 사람들은 과학적으로 분석합니다.

일본 최고액 납세자에 대해서는 대부분 '어떻게 해야 일본에서 세금을 가장 많이 낼 정도로 벌까?'를 궁리하겠지요.

그러나 저는 그렇게 생각하지 않습니다.

"갑부는 하늘이 낸다"는 말이 있지요.

'그렇다면 하늘이 갑부로 만들고 싶은 사람은 어떤 사람일까?'라는 점을 생각합니다.

아무리 생각해도 돈 좀 벌었다고 으스대는 사람보다 돈이 있어도 겸손한 사람을 부자로 만들고 싶을 것입니다.

남에게 좋은 일이 생기면 "참 잘됐다"고 축하해주고 주위 사람에게 친절을 베푸는 사람이 좋을 것입니다.

그와 같은 이치로 '아무리 생각해도 이래서는 신에게 선택받긴 글렀어'와 같은 일을 해서는 안 됩니다.

저는 여러 가지 면에서 반짝이는 아이디어를 잘 떠올리는 사람입니다.

'무릎이 아파 고생하는 사람에게 도움이 될 만한 게 있으면 좋을 텐데.'

이와 같이 아이디어의 발단이 되는 소재를 머릿속에 넣어두고 즐거운 마음으로 지내다보면 어느 날 갑자기 아이디어가 떠오릅니다. 번쩍 섬광이 스쳐가죠.

이렇게 섬광처럼 떠오른 아이디어는 신의 영역입니다. 여기부터는 신이 힘을 보태줍니다.

그렇다면 신은 어떤 사람에게 지혜의 은총을 내릴까요?

바로 신의 편에 선 사람입니다.

그거야 당연하죠. 당신 같아도 평소부터 내 편을 들어주던 사람을 돕고 싶지 않겠어요?

계속 내 일에 훼방만 놓았던 사람을 편들고 싶을까요? 그렇지 않습니다.

신의 지혜를 분석하기란 이처럼 간단합니다. 그럼 신의 편에 선다는 것은 무엇을 뜻할까요?

히토리 씨답게 말하자면 이런 겁니다.

저는 보통 제자님들 외의 사람은 별로 만나지 않습니다. 그런 제가 강연에 나가거나 책을 쓰는 등 여기저기에서 일을 벌이게 되는 이유는 제자님들이 신세를 졌던 곳에서 부탁을 받으면 마음이 약해지기 때문입니다(웃음).

그런 곳에서 부탁을 해오면 강연을 해볼까, 책을 내볼까 하는 마음이 들어 선뜻 나서게 됩니다.

요컨대 내가 아무리 신의 편을 들겠다고 한들 신이 내가 필요할 만큼 곤경에 처할 리 없습니다.

하지만 신의 자녀인 인간은 곤란한 상황에 놓이곤 합니다.

그러면 곤경에 처한 바로 그 사람에게 도움을 주세요.

부모란 제 앞가림 못하는 자식일수록 걱정을 하는 법입니다. 열심히 나서서 못난 자식을 돌봐주는 사람이 있다면 부모에게는 그 사람이 은인이나 다름없습니다. 그런 상대에게 부모는 보답하고 싶기 마련이겠죠?

신 역시 마찬가지입니다. 못난 내 자식이 곤경에 처했을 때 도와주는 사람이 있다면 바로 그 사람이 은인입니다.

신의 자식을 돕는다고 해서 아프리카 난민 구호에 나서거나 하는 거창한 일을 벌일 필요는 없습니다.

항상 주위를 둘러보고 눈앞에 곤경에 처한 사람이 있다면 내 능력껏 도와주는 것, 그것으로 충분합니다.

말이 나온 김에 하나 더 히토리 씨다운 이야기를 해볼까요?

히토리 씨는 신이 인간에게 전하고자 하는 말을 온 힘을 다해 대신 전합니다.

왜냐하면 신은 천국에 살지 결코 지구에서 살지 못하기 때문입니다. 그러니 아무리 인간이 신의 강림을 바란다 해도 이곳에 오지 못합니다.

인간은 옛날부터 지금까지 신의 강림을 계속 기다리고 있지만, 신은 자식들에게 하고 싶은 말은 대신 전해줄 사람을 계속 기다려 왔습니다.

그렇게 지금까지 줄곧 서로 기다리기만 했던 겁니다.

신의 말씀을 대신 전한다고 하면 조금 수상하게 보이지만요(웃음).

참고로 말씀드리면 저는 어떤 종교도 부정하지 않고 제 자신은 어떤 종교에도 속해 있지 않습니다.

신이 말하고 싶어 하는 이야기란 무엇일까요?

신은 "나에게 감사하라"고 말하지 않습니다.

"행복해질지어다."

"즐겁게 살지어다."

이것이 신이 바로 전하고자 하는 말입니다.

남을 행복하게
할 수 있는 자만이
또한 행복을 얻는다.
플라톤

피망은 피망대로
고추는 고추대로

● ● 　히토리 씨는 제자님들께 "당신은 지금 그대로가 좋아요"라고 말합니다. 그 사람의 개성을 부정하지 않는다는 뜻입니다.

신은 모든 사람이 다 같이 행복해지길 바랍니다.

"직장인은 직장인으로서 행복해질지어다."

"사장은 사장으로서 행복해질지어다."

신은 피망이 피망 자체로 행복해지기를 바랍니다.

고추는 고추 나름대로 행복해지기를 바랍니다.

그래서 저는 제자님들의 개성을 해치지 않으려 애씁니다.

제자님들은 모두 개성이 다릅니다. 그들이 각자의 개성을 그대로 간직한 채 한 사람 한 사람 행복해졌으면 좋겠습니다.

이것이 제 기본 신념이며 가르침입니다.

그래서 제가 가르치는 제자님들은 모두 성격이 밝습니다.

'마루칸(저자가 창립한 건강·미용보조 식품회사 – 옮긴이)'은 개성과 사고방식이 서로 다른 사람들이 모여 왁자지껄 즐겁게 일하는 회사입니다.

마루칸과 마찬가지로 우리가 사는 지구 역시 사고방식이 저마다 다른 사람들이 모여 있습니다.

무슨 말이냐 하면 제가 "이렇게 해보세요. 인생이 풍요로워져요", "이런 식으로 생각하는 편이 좋습니다" 하고 가르쳐도 제자님들 중에는 실천하지 않는 사람이 있다는 뜻입니다.

그러나 괜찮습니다.

그 사람은 그 사람 나름대로 '그대로' 살아가다 보면 어떻게 살아야 되는지 배우게 됩니다.

살다보면 그런 시기가 찾아옵니다.

당신은 당신 나름의 방식으로 배우면 됩니다.

모든 사람은 배우는 것이 다릅니다.

사고방식이 다른 사람을 어떻게든 자기 뜻대로 만들려고 설득할 필요는 없습니다.

"나는 피망. 당신은 고추. 피망도 좋지만 고추도 빨개서 좋군요."

이런 식으로 받아들이면 됩니다.

노란 꽃은 노랗게 피어나면 됩니다.

빨간 꽃은 빨갛게 피어나면 됩니다.

빨간 꽃을 노랗게 만들려 하면 당하는 쪽도 괴롭지만 만들려는 쪽도 어지간히 고생스럽습니다.

그러므로 상대를 자신과 같은 색으로 물들이려 해서는 안 됩니다. 아니, 그보다 물들일 필요가 없습니다.

'피망도 좋고 고추도 좋다'

이렇게 생각하며 살면 이 세상은 잘 굴러갑니다.

인간은 인생의 방향을 결정할
규칙을 가지고 있어야 한다.
존 웨인

콩 심은 데
콩이 안 날 때

● ●　　사장들 중에는 자기 회사 직원들의 사기를 높이려
는 분들이 많이 있습니다.

"모두 똘똘 뭉쳐 열심히 일하자!"라고 하면서 말이지요.

하지만 사기를 높이기는 좀처럼 쉽지 않습니다. "이놈이고
저놈이고 제대로 된 녀석이 없어!"라는 생각에 화가 날지 모
르지만, 그 이유는 당신이 사기 진작에 도움 안 되는 작전을
세웠기 때문이 아닐까요?

아니, 솔직히 말해서 사장의 방침이 잘못됐습니다.

밥도 제대로 못 먹어 영양실조에 걸린 사람에게 아무리
"힘내!"라고 말해봤자 힘이 날 리가 없죠.

그렇게 직원들의 사기를 높이려고 애쓰기보다 직원들 각자가 스스로 힘을 내는 편이 조화로운 오케스트라 연주처럼 잘 돌아갑니다.

그러므로 사장은 직원들의 사기가 오르지 않는다고 무턱대고 "힘을 내봐"라고 말하기 전에 '왜 사기가 오르지 않을까?'를 고민해야 합니다.

사기가 오르지 않는 데는 그럴 만한 이유가 있습니다.

예컨대 불균형한 식사로 단백질이 부족해서 힘이 나지 않는 사람에게는 단백질을 보충해줘야겠지요?

우리 회사는 회식 때도 모든 직원이 장기자랑을 하거나 술자리 놀이를 하며 떠들썩하게 흥을 돋웁니다만, 누가 시켜서가 아니라 스스로 나서서 분위기를 띄운답니다(웃음).

흥겨운 환경만 만들어주면 모두가 알아서 분위기를 고조시킵니다.

"우리 회사는 흥이 안 나"하고 불평하신다면 흥겨울 리 없는 계획을 세웠기 때문이라고 대답하겠습니다.

세상일에는 반드시 명확한 신의 섭리, 이론이 있습니다.

아무리 콩 심은 데 콩 난다지만 아스팔트 위에 심어봐야 콩은 절대 나지 않습니다. 콩은 밭에 뿌려야 하고 거기에 알맞은 물과 햇빛이 있어야 제대로 자라는 법입니다.

그러므로 순리를 무시하면 안 됩니다.

시들시들한 야채에다 대고 "싱싱해져라"라고 말만 해서야 문제는 해결되지 않습니다.

무언가 부족하기 때문입니다.

'무엇이 부족할까?'

그 원인을 곰곰이 생각하고 부족한 것을 보충해 주십시오. 그러면 싱싱하게 자라기 마련입니다.

품질이란
우연히 만들어지는 것이 아니라
언제나 노력의 결과다.
존 러스킨

작은 차이를
만들어내면
성공

●　●　　　신이란 상념 속의 존재라고 말해야 할지 '무 속의
유'라고 하는 게 옳을지 모르겠습니다. 예컨대 누군가 돈 때문
에 곤란에 처했다고 합시다. 신은 "이 사람에게 돈을 주어라"
라고 말하지 않습니다.

　신은 남에게 줘서 없어지는 물건을 주라고 말하지 않는다
는 뜻입니다.

　그보다는 "네가 부유하게 된 비결을 가르쳐줘라"라고 말
합니다.

　그러므로 저는 다른 사람에게 제가 중학교밖에 졸업하지
못했지만 어떻게 부유해졌는지 가르쳐야 합니다.

또한 옛날에는 중학교만 졸업하고도 토목공사 등을 통해 성공한 사람들이 많다고 알려줘야 합니다. 그런 사람들은 매우 정력적으로 일합니다.

하지만 저는 별로 정력적이지 못합니다(웃음). 어릴 때부터 허약했습니다. 그래서 정력적으로 일하지 않아도 성공하는 사람이 많다고 강조하고 그 실천 방법을 열심히 가르칩니다.

여러분에게 이 책을 통해서 더더욱 반가운 사실을 하나 더 가르쳐드리겠습니다.

세상에는 이미 성공을 이루어낸 사장들이 많이 있습니다.

하지만 제아무리 성공한 사람이라 해도 그 사람은 나보다 조금 앞섰을 뿐입니다.

아무리 회사가 크고 연간 매출이 몇 십억, 몇 백억이니 해도 하는 일을 들여다보면 그 차이는 아주 미미합니다.

'작은 차이를 추구해왔기 때문'입니다.

라면가게를 예로 든다면 무엇보다 라면 맛이 관건입니다.

라면에는 반드시 면과 국물, 건더기가 들어갑니다. 그러므로 여기에서 차이를 만들어 경쟁하는 것 외에는 다른 도리가 없습니다.

남은 일은 손님을 대할 때 항상 웃는 얼굴인지, 친절하게 대하는지, 청소는 깨끗하게 했는지 정도의 차이일 뿐입니다.

아무리 훌륭한 가게라도 다 비슷하고 어디든 매한가지입니다.

게다가 다행히도 이런 차이는 누구나 노력만 하면 따라잡습니다.

따라서 불가능한 일은 이 세상에 하나도 없습니다.

무엇이든지 가능합니다.

선발주자가 벌려놓은 이 작은 차이를 부지런히 좁혀나가다 보면 어느새 여러분이 앞지르는 날이 옵니다.

그러므로 사장님은 좋은 사장이 되기 위해, 사원은 좋은 사원이 되기 위해 작은 차이를 만들어내기만 하면 됩니다.

이 세상은 생각보다 훨씬 단순합니다.

고민할 가치가 없는 일

옛날 어느 마을에 안락한 생활을 하는 농부가 있었습니다. 그가 안락하게 지낼 수 있었던 것은 첫째, 부지런히 일한 덕택이고 둘째, 하루하루를 걱정하지 않고 지내기 때문이었습니다.

그러나 주위 사람들 모두가 날씨가 어떻고 경제가 어떠며 심지어는 세계정세가 어떻다느니 근심을 한다는 사실을 알았습니다.

그래서 농부는 세상 사람들이 다 근심을 하는 모양인데 자신만 안 하면 손해를 볼지도 모른다는 생각에 하루 종일 근심을 해보기로 작정했습니다. 우선 농사에 대해 생각했습니다.

'흉작이 오면 어떻게 하나?' 하고 생각해보니 파멸이었습니다. 그렇다면 '대풍작이면?' 하고 생각했으나 역시 값이 폭락하고 맙니다.

다음에는 날씨에 대해 생각했습니다. '비가 안 오고 가문다면?' 당연히 추수할 것이 없어서 파멸입니다. '비가 너무 많이 와서 장마가 든다면?' 홍수에 작물이 몽땅 떠밀려가 농사를 망칩니다.

그 다음에는 건강을 생각했습니다. '병으로 일을 못하게 되면?' 역시 망할 수밖에 없습니다. 근심하면 할수록 계속 근심거리만 늘어났습니다.

다음 날, 농부는 이웃 사람에게 자기가 깨달은 중대한 진리를 말했습니다.

"내가 열두 시간을 꽉 채워서 근심을 해봤는데 무엇 하나 좋은 일이 없더구만. 그래서 난 근심 걱정은 하지 않기로 했다네."

어느 연구 기관에서 근심에 관한 조사를 했는데, 그 결과는 우리가 근심하는 내용 가운데 40%는 일어날 수 없는 일이고, 30%는 과거에 발생한 것으로 이미 어쩔 수 없는 일이며, 12%는 타인에 관한 것으로 자기와는 관계가 없는 일이었고, 10%는 상상으로 그려본 질병에 관한 것이었으며, 나머지 8%만이 근심할 가치가 있는 것이었습니다.

쓸데없는 근심은 하지 맙시다. 근심은 두려움을 잉태하며 두려움은 의욕을 빼앗는 법입니다. "내일 지구의 종말이 온다고 해도 나는 오늘 한 그루의 사과나무를 심겠다"던 철학자 스피노자의 말처럼 주어진 현재의 일에 충실하도록 합시다. 근심은 비생산적입니다.

•• 마음의 여유

〈걸리버 여행기〉를 쓴 고대 로마의 풍자작가 루키아노스는 "너무 팽팽히 당겨진 활시위는 끊어진다"고 하며 삶의 여유를 강조했습니다.

엄청나게 많은 돈을 번 부자가 있었습니다. 그 사람은 물질적인 재산이 많아 매우 성공한 듯 보였지만 마음은 하나도 기쁘지 않았습니다. 그래서 그는 퇴직 후에 즐거운 생활을 하자고 결심했습니다. 하지만 얼마 지나지 않아 여전히 자기가 즐겁지 않다는 것을 발견했습니다.

'인생이 왜 이다지도 허무하고 쓸쓸할까?'

이 사람은 인생을 만족시킬 수 있는 중대한 비밀에 대해 가르침을 받으려고 도인을 찾아 나섰습니다. 20여 개월간의 고생 끝에 높은 산꼭대기에 살던 도인을 만나게 되었습니다. 도인은 그 사람에게 아주 친절히 인생을 행복하고 아름답게 살 수 있는 비결을 가르쳐주었습니다. 그 사람은 도인의 말을 듣고 놀라움을 금치 못했습니다.

이 비결은 과연 무엇이었을까요? 세계를 즐길 수 있는 비결 중 하나는 바로 탄성 있는 습관을 키우는 것이었습니다.

프랑스에는 이런 속담이 있습니다.

"소경들의 나라에서는 한쪽 눈만 가지고 있는 사람이 왕이 될 수 있다."

마음의 여유가 있는 사람은 인생을 살면서 다른 사람들이 볼 수 없는 그 무엇인가를 볼 수 있는 것입니다. '마음의 여유'가 도인 의 답이었습니다.

아무리 성공한 사람이라도, 아무리 부자라도 앞만 보고 살아온 마음의 여유가 없는 사람은 행복이 무엇인지, 인생의 기쁨이 무엇 인지 진정 알 수 없습니다. 평범한 사람이든 성공한 사람이든 마음 의 여유를 가진 사람은 진정한 행복과 기쁨, 삶의 보람을 느끼며 살 아갈 수 있습니다. 우리 모두 아무리 각박한 현대인의 삶을 살더라 도 마음의 여유를 가질 수 있는 자신을 가꿔야 하겠습니다.

3장

기대 이상을
보여주는 데
필요한 것

완벽함이 아니라
탁월함을 위해 애써라.
H. 잭슨 브라운 주니어

인식을 달리하면
결과도 달라진다

● ●   이 세상은 '작은 차이가 큰 차이를 만든다'는 순리로 움직입니다. 작은 차이가 결과적으로 큰 차이를 낳습니다.

올림픽만 봐도 금메달과 세계 신기록 같은 것에는 세상 사람들이 주목하는 정도가 확연히 다릅니다.

그러나 그 능력의 차이는 기껏해야 0.1초에 불과한 아주 미미한 차이입니다.

산을 예로 들면 '후지 산이 일본에서 가장 높다'는 사실은 누구나 알지만 두번째 높은 산이 어딘지는 대부분 모릅니다. 세번째로 높은 산은 더더욱 모릅니다.

두번째와 첫번째의 지명도는 전혀 다릅니다.

그런데 과연 두번째로 높은 산과 후지 산의 높이가 천 배까지 차이가 날까요? 그럴 리 없지요. 조금 낮을 뿐입니다.

이와 마찬가지로 인생에서도 무엇이든 아주 작은 차이가 큰 차이를 낳습니다.

우스갯소리지만 '경마'와 '승마'는 한 글자 차이입니다.

그런데 "내 취미는 경마입니다"라고 말하면 여자에게 호감을 사지 못합니다. 그러니까 말에 취미가 있다면 경마가 아니라 승마라고 하십시오(웃음).

이렇듯 지극히 미미한 차이가 다른 결과를 낳습니다.

작은 차이라고 해도 부정적인 면에서 차이가 나면 안 됩니다. 긍정적인 면에서 차이를 내십시오.

긍정적인 면에서 차이를 내야 큰 차이가 만들어집니다.

"늘 웃으며 사세요"라는 말도 작은 차이를 의미합니다. "성형하세요"라고 말하지 않았습니다.

사람의 얼굴은 모두 똑같이 근육으로 만들어졌습니다. 웃음은 그 근육을 움직이느냐 마느냐에 달렸습니다. 조금 움직여서 웃음을 짓기만 하면 웃지 않는 사람과 전혀 달라집니다.

말투 역시 마찬가지로 작은 차이에 의해 달라집니다.

외식하러 갔는데 주문한 음식이 좀처럼 나오지 않을 때가 있습니다. 그 순간 "오늘은 점심부터 카이세키 요리(일본 정통 코스요리로 조리에 시간이 오래 걸린다 - 옮긴이)네요"라고 말하면 웃음이 터집니다.

주문한 국수가 별로였을 때 "이 국수 굉장한데! 국수에서 맛을 뺐어" 이렇게 말하면 웃음이 납니다.

부정적으로 말하느냐 긍정적으로 말하느냐에 따라서 이렇게 큰 차이가 납니다.

옷차림도 마찬가지입니다. 같은 가격의 옷이라도 항상 어두운색 옷만 입기보다는 밝은색 옷을 입는 편이 좋습니다.

웃는 얼굴, 긍정적인 말투, 화사한 옷차림 같은 작은 차이가 몇 배로 불어나 큰 효과를 냅니다.

일에서든 일상생활에서든 여러 가지가 달라집니다.

성공은 대개 이를 좇을 겨를도 없이
바쁜 사람에게 온다.
헨리 데이비드 소로우

성공에 학벌은
필요 없다

● ●　　세상 사람들은 저를 보고 "사이토 씨는 참 별나
요"라고 말합니다. 그러나 저 역시 세상을 보면 '참 이상하네'
라는 생각이 듭니다.

가끔 어떤 사람들은 정말로 필요한 일은 하지 않으면서 쓸
데없는 일에만 목숨을 걸고 열심히 하기 때문입니다.

예컨대 "생활비가 모자라서 살림을 꾸리기가 어려워요"
라고 말하는 사람이 "아이들은 대학을 보내서 어쩌고저쩌고"
하며 교육열에 불타는 경우입니다.

그 사람에게는 '옳은 일'이겠지요. 세상 사람들이 옳은 일
이라고 하니까 옳다고 여깁니다.

그러나 제 생각은 다릅니다.

돈이 없으면 대학에 가지 말고 일을 해야 합니다.

대학에 가고 싶다고 생각하겠지만 당신 가정에는 돈이 더 필요합니다.

가난한 사람에게 공부는 사치이기 때문에 하지 말라는 뜻이 아닙니다.

요즘에는 대학에 다니기 어려울 정도로 경제적 여유가 없는 저소득층 자녀를 위한 장학제도가 마련돼 있습니다. 장학금을 받을 실력도 안 되면서 왜 대학을 고집하는 걸까요? 그 점을 이해하지 못하겠습니다.

돈이 없어도 성적이 우수하면 국가나 학교 등에서 지원을 해줍니다. 장학금을 지원받을 만한 성적이 안 되는 사람을 받아주는 대학은 그 정도 수준밖에 안 되는 곳입니다. 그런 대학에 가느니 일을 하는 편이 낫습니다.

고졸로 일하면 출세하기 어려워 보이지만 잘 생각해보십시오.

대학졸업자가 출세를 보장받던 시대는 100년 전 대학생이 정말 드물 때였습니다. 요즘에는 대학졸업자는 물론 외국에서 대학을 나온 사람조차 발에 채일 정도로 많습니다.

옛날에는 "유학 다녀왔어요"라고 말하면 주위 사람들이 야단법석이었습니다. 그러나 지금은 웬만한 형편이면 누구나 유학을 갑니다. 이런 시대에 외국에서 공부했다고 말해봤자 전혀 신기한 일이 아닙니다.

집에 돈이 넘치도록 많다면 제가 왈가왈부할 필요도 없겠지요. 하지만 집에 돈이 없는데 빚까지 내면서 대학에 가다니 이상하지 않나요?

무엇보다 고졸로 출세하기 어렵다지만 중졸로도 사장이 된답니다.

라면가게 하나만 열어도 사장입니다. 그러다 라면가게나 선술집 체인점으로 성공하면 억만장자가 되기도 합니다.

중졸자도 가능합니다.

'작은 차이'를 추구하면 됩니다. 작은 차이를 추구해 경쟁력을 높이면 1호점이 2호점, 3호점으로 가게가 점점 늘어납니다. 그러다 전국 체인점이 될지도 모르지요.

저는 진심으로 학교에 다니기 싫었습니다. 고등학교도 가고 싶지 않았습니다. 저에게 학벌은 필요 없었기 때문입니다.

저는 어렸을 때부터 주위 어른들을 유심히 지켜봤습니다. 부모님이나 주변 어른들 대부분은 장사꾼이었습니다. 그들을 보면서 '나에게는 학벌이 필요 없다'라는 판단이 섰습니다.

왜냐하면 주위 어른들도 그리 대단한 사람이 아니었기 때문입니다(웃음). 방정식을 푸는 사람도 영어로 말하는 사람도 본 적이 없습니다. 그런데도 저희 어머니는 매년 집을 한 채씩 지을 만큼 돈을 벌었습니다.

'하루라도 빨리 사회에 나가서 여러 가지를 배우는 편이 유리하겠다!'

저는 그렇게 생각하고 중학교를 졸업하자마자 일하기 시

작해서 지금에 이르렀습니다.

무조건 대학에 들어가서 평생 쓸 일도 없는 방정식을 푼다거나 영어를 배운다면 그게 얼마나 큰 도움이 될까 생각했습니다.

대학도 돈이 듭니다. 공짜로 배우는 것이 아닙니다.

대학, 대학 노래를 부르기 전에 합리적으로 곰곰이 생각해 봐야 합니다.

위대한 사람은
기회가 없다고 원망하지 않는다.
에머슨

즐기면서 해도
돈은 벌려요

● ● 일이란 힘듭니다. 모든 일이 힘듭니다.

일이라는 이름이 붙어서 편한 것은 없습니다.

돈 되는 일이 더 힘들고 돈 안 되는 일이 덜 힘들다는 말은 거짓말입니다.

돈을 벌지 못하는 일도 똑같이 힘듭니다.

세상 물정 모르는 사람은 '돈이 안 되는 일도 이렇게 힘든데 많이 벌려면 훨씬 힘들겠지?'라고 생각하는데 그렇지 않습니다.

두 배로 돈을 버는 일이 두 배 더 힘들다면 열 배 더 버는 사람은 열 배 더 힘들까요?

그렇다면 백 배 더 버는 사람은 백 배 더 힘들까요?

백 배 더 버는 사람이라고 백 배 더 노력하지는 않습니다.

작은 차이일 뿐입니다. 작은 차이가 큰 차이를 낳습니다.

예를 들어 제가 라면가게 주인이라고 칩시다. 그리고 전국에 라면가게가 5만 개 있다고 했을 때, 우리 가게는 순위로 따져서 3만 번째라고 합시다.

그런데 제가 만일 지금보다 조금 더 맛있는 라면을 만들어서 하루에 세 그릇씩만 더 판다면 300점포쯤은 가뿐히 제칩니다.

맛에 정성을 쏟으면서 가게를 깨끗이 청소하고 손님에게 더욱 친절하게 대한다면 어떻게 될까요?

"손님, 어디서 오셨어요?", "먼 데까지 와주셔서 감사합니다" 하면서 손님 한 사람 한 사람에게 말을 걸면 손님이 기뻐하며 한 번 더 가게를 찾아오게 됩니다. 그러면 또 몇 백 가게는 제칩니다.

이런 작은 차이로 순위가 껑충 오릅니다. 작은 차이로 순위가 두 배는 높이 올라갑니다.

작은 차이가 하나둘 쌓일 때마다 순위는 껑충껑충 올라가게 됩니다. 작은 차이가 대단한 이유가 바로 여기에 있습니다.

작은 차이로 큰 차이가 생깁니다.

그리고 누구나 해볼 만한 작은 차이니 일단 실천하는 사람이 이득이라는 뜻입니다. 이해하셨는지요?

큰 차이를 둬야만 큰 차이가 난다면 우리는 대응할 방도가 없겠지요.

그러나 같은 상품을 파는 수많은 가게 중에 특별히 "그 가게로 가자"라고 말하는 이유는 점원의 상냥한 미소 같은 사소한 차이 때문입니다.

"손님, 어쩜 그리 늘 멋지세요? 손님만 보면 저도 기분이 좋아요"라는 말만 들어도 손님은 그 가게에 끌리게 됩니다.

손님에게 듣기 좋은 말을 하는 사람은 딱히 입에 발린 소리를 하는 게 아니라 진심에서 우러나와 그렇게 말하는 것입니다.

사실 그렇게 생각하는 사람은 의외로 많습니다. 다만 대다수 사람이 그렇게 생각하면서도 말하지 않을 뿐입니다. 이 점이 바로 작은 차이입니다.

한발 더 나아가 "손님, 항상 세련되고 멋지네요. 손님께 배우는 점이 많아요.", "손님 스타일을 따라해보고 싶어서 이런 액세서리를 사봤는데 어때요?" 하고 손님에게 말한다면 어떨까요?

당신이 손님이라면 가게 점원에게 그런 이야기를 듣고 나서 '아, 저 가게에 가야지!' 하는 마음이 생기지 않겠습니까?

이것이 바로 작은 차이입니다.

이런 차이를 모르면 나보다 백 배 더 많이 버는 사람을 보고 '저 사람은 나보다 백 배 더 대단해'라고 생각하지만 백 배 더 훌륭한 사람이 어디 있겠습니까? 그런 사람은 없습니다.

아무리 "일본에서 쌀 하면 우오누마(일본 니가타 현에 있는

도시 - 옮긴이)산 고시히카리(쌀 품종 중 하나 - 옮긴이)가 으뜸이
야!"라고 큰소리쳐도 그 차이는 아주 작습니다. 얼마나 대단
한 차이가 나는지 알아보려고 우오누마가 아닌 다른 지역에
서 재배한 고시히카리를 가지고 와서 무슨 쌀인지 안 알려주
고 먹어보라고 하면 거의 모든 사람들이 그 차이를 눈치채지
못합니다(웃음).

그만큼 알아내기 어려울 정도로 작은 차이라는 뜻입니다.

어느 업계든 그런 작은 차이로 성공 여부가 달
라집니다. 먼저 나서서 광고한 사람이 승리한다거
나 하는 아주 작은 차이입니다.

만사가 작은 차이로 좌우됩니다.

작은 기회로부터
종종 위대한 업적이 시작된다.
데모스테네스

자신만의 사다리를
가지세요

● ● 　사람 사는 세상은 참 재미있습니다.

사람들은 대체로 노는 물이 비슷한 이와 함께 지냅니다.

'늘 도토리 키 재기'를 하는 상태나 마찬가지라는 뜻이지요.

그 속에서 작은 차이 딱 하나만 곁들이면 머리 하나만큼 조금 커집니다. 그것만으로도 충분합니다.

머리 하나만큼 커지면 이제는 그곳에서 또다시 도토리 키 재기를 합니다. 만나는 사람이나 지내는 환경이 달라진다 하더라도 늘 도토리 키 재기를 합니다.

그렇다면 그 속에서 다시 머리 하나만큼만 조금 도드라지면 충분합니다.

"자신이 성장했다."

이렇게 말하면 거창하게 생각합니다. 그러나 사실 하나도 거창하지 않습니다.

예를 들어 일본에서 가장 높은 산은 후지 산입니다.

일본에서 가장 높은 곳에 서고 싶으면 후지 산에 오르면 됩니다. 후지 산 정상에 서면 일본에서 으뜸이 됩니다.

그러나 한 해 동안 수만 명의 사람들이 후지 산에 오릅니다. '그럼, 일본에서 가장 높은 곳에 선 사람이 나 말고도 또 있잖아!'라고 생각할지도 모릅니다. 하지만 대부분의 사람들은 아주 중요한 사실을 잊었습니다.

후지 산에 사다리를 가져가는 사람이 단 한 명도 없다는 사실이죠(웃음).

사다리를 지고 가서 후지 산 꼭대기에 내려놓고, 그 발판을 딛고 올라서면 일본 역사상 가장 높은 곳에 서게 됩니다.

꼼수처럼 보일지도 모르지만 사실입니다.

요컨대 내가 몸담은 업계, 내가 다니는 직장에서 으뜸인 사람이 있죠? 그 사람이 하는 일을 유심히 살펴보고 장점을 본받으면 됩니다.

그 장점에 발판 하나 몫의 작은 차이를 조금 곁들이세요.

당신이 메밀국수 만들기를 배운다고 칩시다. 그렇다면 소문난 맛집을 찾아가 그 집의 메밀국수를 열심히 먹어보고 약간의 차이를 보탭니다. 그것으로도 큰 차이가 납니다.

그런데도 "나는 내 식대로 하겠어"라고 말하며 하나부터 열까지 스스로 하려는 사람이 있습니다.

이는 혼자서 흙을 쌓아 후지 산을 만들겠다는 말과 매한가지입니다. 후지 산은 나 혼자만의 힘으로 만들지 못합니다.

게다가 후지 산은 이미 존재합니다. 우리 주변에는 노다지 산이 널렸답니다.

그 산에 발판만 가지고 가서 딛고 서면 그만입니다.

위대한 이들은 목적을 갖고
그 외의 사람들은 소원을 갖는다.
워싱턴 어빙

못생겨도
매력적인 사람

● ● 　세상만사는 매력에 달렸습니다.

상품도 매력. 회사도 매력.

매력적인 사람은 다른 이들에게 사랑을 받고 살아 행복합니다.

요즘에는 어느 회사나 비슷한 상품을 만들어냅니다. 도토리 키 재기 하듯 비슷비슷한 상품들 속에서 도드라지려면, 사람의 매력을 활용해 작은 차이를 조금씩 벌려야만 합니다.

변두리에 위치한 작은 가게라도 주인이 매력적이면 손님은 찾아옵니다.

나름의 매력이 있다면 어떤 일이든 잘 풀리기 마련입니다.

제가 좋아하는 배우는 카타오카 치에조(주로 역사극에 출연한다-옮긴이) 씨입니다. 굉장한 분이죠!

또 나카무라 긴노스케(가부키 배우로 각종 텔레비전 드라마와 영화에 나온다-옮긴이) 씨도 카타오카 씨 못지않게 훌륭한 배우입니다(두 분 다 이미 돌아가셨지만).

긴노스케 씨가 왜 굉장하냐고요? 그가 다테 마사무네(일본 전국시대의 무장-옮긴이)를 연기할 때는 다테 마사무네가 되살아난 듯합니다. 잇신 타스케(일본 소설이나 희곡, 야담 등에 자주 등장하는 의리 있고 정 많은 어부. 가공의 인물-옮긴이)를 연기하면 그야말로 완벽하게 어부가 됩니다. 야쿠자 두목을 연기할 때면 두목으로, 모리노 이시마쓰(일본 막부시대의 협객으로 대중매체에서는 한없이 모자란 인물로 그려진다-옮긴이)를 연기할 때는 천하의 얼간이로 보입니다.

신분이 높은 역할은 잘하지만 천한 역할은 서툰 배우가 있습니다. 그러나 긴노스케 씨는 귀족이든 상인이든 역할을 가리지 않고 훌륭하게 소화합니다. 그뿐만이 아닙니다.

관객은 긴노스케 씨가 연기한 어떤 역할을 보더라도 '나도 저렇게 살았으면' 하고 느끼게 됩니다.

카타오카 씨의 굉장한 점은 그가 타고난 검극(劍劇) 연기자라는 사실입니다. 영주에서 검객까지 못하는 역이 없습니다. 더욱이 2차 세계대전 후 연합국총사령부(GHQ)의 일본점령정책(제2차 세계대전 후 군대 폐지를 비롯한 일본 천황의 힘을 약화시키기 위해 연합국총사령부에서 실시한 정책 - 옮긴이)의 영향으로 검극 영화의 제작 편수가 제한을 받자, 이번에는 현대극에서 〈일곱 개의 얼굴〉 등을 비롯한 〈타라오 반나이(미스터리 영화 및 주인공 탐정 이름 - 옮긴이)〉 시리즈에 출연했습니다.

"어떤 때는 애꾸눈 운전수, 또 어떤 때는 늙은 순경…… 하지만 내 정체는 정의와 진실의 사도 후지무라 타이조(〈타라오 반나이〉의 주인공이자 아르센 루팡 같은 괴도였으나 개과천선해서 정의와 진실의 사도로 탈바꿈한다 - 옮긴이)이다!"라고 외치기도 합니다.

어떤 역이라도 맡기만 하면 잘 소화해냅니다.

또한 어떤 역을 맡아도 그럴듯하고 멋집니다.

젊었을 적의 타카쿠라 켄(일본의 국민배우로 우리나라에는 영화 〈철도원〉으로 알려져 있다-옮긴이) 씨도, 요즘 제아무리 잘나간다는 꽃미남 배우도 카타오카 씨를 이기지 못합니다.

저는 험프리 보가트(1899년에 태어난 미국 영화배우-옮긴이)가 그만큼 인기 있었던 이유는 카타오카 씨가 없었기 때문이라고 생각합니다.

다만 카타오카 씨는 다리가 짧고 머리는 큽니다(웃음). 아무리 봐도 잘생긴 남자는 아니죠.

잘생긴 남자, 예쁜 여자는 당연히 잘나갑니다.

그런데 이따금 잘생긴 남자가 아닌데도 주변 남자들을 몽땅 기죽이는 사람이 있습니다. 여자도 마찬가지입니다.

이런 사람들을 보는 것은 인간의 매력을 공부하는 데 많은 도움이 됩니다.

저는 어렸을 때부터 그런 사람들을 유심히 바라보며 이렇게 생각했습니다.

'아무리 미인이라도 매력적인 못난이는 못 당하는구나!'

'매력이 바로 작은 차이구나!'

옷차림, 행동, 말투 이 모든 것이 작은 차이로 이어집니다. 여성이라면 성격이 야무지다거나 배려심이 있다거나 하는 점이겠지요.

그 작은 차이가 쌓여 커다란 차이를 만듭니다.

게다가 따라해볼 만한 일입니다. 겨우 그 정도의 차이로 이렇게까지 달라지나 싶은 생각이 들 정도로 말입니다.

그러므로 매력적으로 변하는 일은 매력적인 사람에게서 '작은 차이를 몇 가지나 배우느냐?'에 달렸습니다.

일단 작은 차이를 닥치는 대로 배웁시다. 그리고 배운 것을 착착 정리해서 실행합시다.

배운 것을 정리하고 실행하는 데는 그다지 시간이 필요하지 않습니다. 아니, 어쩌면 "시간이 걸리지 않는다"라고 말하는 편이 정답일지도 모릅니다.

왜냐하면 내가 매력적으로 바뀌는 일은 즐거우니까요.

즐거운 일은 지금 당장 하고 싶어지니까요.

영원히 살 것처럼 꿈꾸고
오늘 죽을 것처럼 살아라.
제임스 딘

박수칠 때 퇴사하면
성공한다

● ● "히토리 씨, 저 회사 그만두고 싶습니다."

샐러리맨이 이런 상담을 해올 때가 있습니다.

그때 저는 이렇게 대답합니다.

"그만둬도 상관없지만 회사 사람들이 아쉬워할 때 그만두세요."

주변 사람들이 아쉬워할 때 그만두는 것이 성공의 비결입니다.

그만둔다고 할 때 회사에서 선뜻 보내주는 사람치고 나중에 성공하는 사람을 보지 못했습니다.

그만둘 때 회사에서 아쉬워하는 사람은 나가서도 반드시 성공합니다.

저의 제자님들도 사장이 되기 전에는 도장가게 영업사원이거나 교습소 강사, 보험회사 여사원, 신문사 계약직 사원 등 모두 다른 사람 밑에서 일했습니다. 그러나 지금은 어엿한 사장들입니다.

그렇다고 제자님들이 모두 뛰어난 재능을 지닌 사람은 아닙니다. 장사의 천재도 아닙니다.

단지 그 사람들 모두 예전 직장에서 "그만두지마"하고 붙잡았지만 그만뒀습니다. 이해가 되세요?

여러분, 이쯤에서 한숨 돌려봅시다. 재미있는 이야기를 들려드리죠.

천재는 천재를 알아봅니다.

천재는 발상이 다릅니다.

옛날에 토쿠가와 이에야스(일본 통일 후 에도막부를 세운 장군 - 옮긴이)가 천하를 호령하기 전 토쿠가와 가문은 이마가와

(일본의 무사 가문 중 하나 - 옮긴이)의 속국(屬國)이었습니다.

이마가와 가문은 적이 공격해와도 군사를 내지 않았습니다. 이마가와 가문의 속국이었던 토쿠가와 가문에서 군사를 내 대신 전쟁을 치르도록 시켰습니다.

토쿠가와 가문은 자신들의 영주인 이에야스가 인질로 잡혀 있었기에 이마가와를 거역하지 못했습니다. 그래서 매번 이마가와를 대신해 전쟁을 치렀지만 이기더라도 하사품은 받지 못했습니다.

자, 여기에서 보통 사람이라면 '토쿠가와가 손해보는 장사로군'이라고 생각하겠지요.

그러나 토요토미 히데요시(일본의 무장이자 정치가. 최초로 일본을 통일한 장군 - 옮긴이)는 이 이야기를 듣고 이렇게 말했습니다.

"그렇게 다루면 토쿠가와 가문만 강해져서 큰 코 다칠걸."

역시 천재 히데요시입니다. 보는 관점이 다릅니다.

하지만 이것이 사실입니다.

하사품도 받지 못하고 전쟁에 나가 싸우면 싸움이 능숙해져서 훌륭한 병사 집단이 됩니다. 전쟁의 베테랑이 됩니다.

이 이야기와 아쉬워할 때 그만두라는 이야기가 무슨 상관이냐고요?

회사에서 붙잡는 사람은 항상 웃는 얼굴로 일합니다. 상사가 "이봐!" 하고 부르면 "네!" 하고 기운차게 대답합니다.

대답을 잘하고 웃음 띤 얼굴로 일하면 다른 사람이 거리낌 없이 일을 맡기기에 업무를 배로 합니다.

그런데 인생에서 실패하는 사람은 '어차피 급료가 같다면 일을 안 하는 편이 이득이야'라고 생각합니다.

때문에 직장에서 일을 맡으면 떨떠름한 표정을 짓습니다. 마지못해 대답하지요. 그렇게 하면 상사나 직장 동료가 일을 부탁하기 어렵습니다.

부탁하기 쉬운 사람과 어려운 사람 사이에는 웃는 얼굴과 대답, 고작 이 정도의 작은 차이가 있을 뿐입니다. 하지만 이것은 하늘과 땅 차이입니다.

붙임성 좋게 대답하고 웃는 얼굴로 일하는 직원만큼 회사가 반기는 사람은 없습니다.

게다가 일을 배로 받으면 남들의 배로 일을 배웁니다. 일이 점점 능숙해집니다.

그래서 일을 남보다 배로 맡는 사람은 다른 회사로 옮기거나 혼자서 사업을 하거나 어떤 일이든 잘 풀립니다.

그만둔 뒤에 성공하느냐 못하느냐는 배로 일을 하는 것이 이득이라는 사실을 아느냐 모르느냐에 달렸습니다.

그러니까 회사를 그만두기로 결심했다면 반년이면 반년 동안 그곳에서 최선을 다해 열심히 일하세요. 그리고 붙잡을 때 과감하게 그만두세요.

그것이 다른 직장으로 옮기든지 개인 사업을 하든지 반드시 성공하는 열쇠입니다.

그리고 지금 당신이 근무하는 직장에서 성공하는 비결이기도 합니다.

나는 젊음이자 기쁨이자
알에서 갓 깨어난 작은 새다.
제임스 M. 배리

조금 더 위를
향하세요

● ●　　　한마디로 말해서 이번에 할 이야기는 굉장합니다!
궁극적인 이야기입니다.

　　모든 성공의 비결을 설명하는 이야기이기 때문입니다.

　　"기대 이상!"

　　단지 이것뿐입니다.

　　모든 성공이란, 기대 이상입니다.

　　이 설명만으로는 아쉬운가요? 그럼 조금 더 이야기하겠습
니다.

세상에는 오직 세 가지 유형이 있습니다.

• 기대한 만큼은 보통입니다.
• 기대 이하는 도태됩니다.
• 기대 이상이어야만 비로소 프로입니다.

그렇다면 기대 이상이란 무엇일까요?
〈아마기고에(엔카가수 이시카와 사유리가 부른 노래. 일본 이즈 반도에 위치한 아마기야마 고개를 소재로 '아무리 내 마음을 괴롭게 한 님일지라도 함께하고 싶다'는 내용이 담겼다 – 옮긴이)〉라는 곡을 예로 들겠습니다. 사랑하는 사람을 이토록 절절하게 원하는 노래가 세상에 더 있을까 싶을 정도로 열정적인 노래지요.

이시카와 사유리의 콘서트에 가서 이 곡을 들으면 기대 이상의 감동을 받고 돌아옵니다.

처음 들은 노래도 아닙니다. 열 번이고 백 번이고 그 노래를 들은 사람을 감동시키는 사람이야말로 프로 가수입니다.

프로는 그뿐만이 아닙니다.

"오늘 무대 끝내줬어."

늘 공연을 보러 다니는 사람에게 이 말을 들어야 비로소 진정한 프로입니다.

실제로 몇 번이고 공연을 본 사람이 "오늘 무대 기가 막혔어"라고 말하는 것과 라디오에서 그 노래를 들었거나 텔레비전에서 노래하는 모습을 봤던 사람이 처음으로 실물을 보고 감격하는 것은 다릅니다.

상대방의 기대를 확 뒤집느냐 뒤집지 못하느냐에 성공이 달렸습니다.

만약 선술집이라면 '선술집이 거기서 거기지'라는 생각을 하며 들어온 손님이 감격해서 돌아가야 한다는 말입니다.

사람들은 기대한 만큼만 만족하면 금세 질리고 맙니다. 기대 이하는 말할 가치도 없습니다.

늘 기대 이상.

'기대 이상이라니 힘들겠다'가 아닙니다.

기대 이상이 즐겁습니다!

언제나 작은 차이, 아주 작은 차이라도 좋으니 항상 위를 향하면 됩니다.

어떤 일이든 위를 향해야 비로소 즐거워집니다.

"힘들겠네요."

이렇게 말하는 당신도 다른 사람에게는 늘 기대 이상을 원하시죠?

가게에 갈 때도 기대하고 가지요. 그래서 기대한 대로라면 그럭저럭 납득하고 돌아오지만 기대 이하라면 맥이 풀리지 않나요?

영화를 보러 갈 때도 다른 어떤 일에도 우리는 기대를 품습니다.

다른 사람에게 기대 이상을 원한다면 자신도 남이 기대하는 이상의 것을 내놓아야 합니다.

기대 이상.

얼마만큼 상대를 기쁘게 하는가.

얼마만큼 상대를 감동시키는가.

여기에 달렸습니다.

저는 강연을 할 때도 항상 참석하시는 분들에게 "오늘 최고였다!"라는 말을 듣기 위해 언제나 기대 이상의 강연을 하고자 고민한답니다.

기대 이상이 가장 즐겁습니다.

기대 이상.

참석자들이 아무리 큰 기대를 하더라도 그 이상으로 보답하고 싶습니다.

그런 마음가짐입니다.

그것이 즐겁습니다.

정말로 재미있습니다. '이 정도면 되겠지' 하고 적당히 때우는 사람과 설령 잘 풀리지 않더라도 '기대 이상을 보여주겠어'라는 마음가짐을 가진 사람은 다릅니다. 느낌이 옵니다.

바로 이 점이 감동을 불러일으킵니다.

게다가 기대 이상이란 여러분이 생각하는 만큼 어렵지 않습니다.

기대 이상의 것을 보여주기 위해서는 '기대 이상으로 해내 겠다'는 결심만 하면 됩니다.

'기대 이상으로 해내겠어'라고 생각하면 신기하 게도 이루어집니다.

때문에 앞서 말한 후지 산 이야기와 마찬가지입니다. 사다 리를 들고 가서 오르기만 하면 됩니다.

그러니까 '기대 이상의 것을 보여주겠다'라는 결심으로 일 하십시오.

그렇게 하면 상대방의 기대는 한층 더 커집니다. 그렇게 되면 또 그 이상을 보여주면 됩니다.

걱정하지 마세요.

사람은 한계가 없는 창조물입니다.

얼마든지 가능합니다.

'항상 기대 이상을 해내겠다'라고 마음먹은 사람은 하늘이 도와줍니다.

그리고 모든 이가 감동받아 기뻐하는 모습을 보면 마음에서 기쁨이 솟아납니다.

　기대 이상을 계속해내면 하늘도 세상도 내 편이 되어줍니다. 모두가 내 편입니다.

　그러니까 결코 어려운 일이 아니에요.

　기대 이상이 가장 즐겁습니다!

　이 즐거움은 한번 맛보면 중독됩니다.

성숙하다는 것은
다가오는 위기를 피하지 않고
마주하는 것을 의미한다.
프리츠 쿤켈

될 만한 일에만
집착하기

● ● 이 세상에는 작은 차이를 업신여기는 사람과 이를 소중히 여기는 사람이 있습니다.

프로는 작은 차이를 업신여기지 않습니다.

그리고 고집스럽습니다.

'얼마나 자신의 일에 집착하는가' 이것이 중요합니다.

후쿠이 지방에 '아키요시'라는 꼬치구이집이 있습니다. 누구나 "꼬치구이집이라면 아키요시지!"라고 말할 정도의 대형 프랜차이즈 업체인데, 이곳의 사장은 꼬치구이에 목숨을 건 사람입니다.

다른 꼬치구이집이 큰 꼬치구이를 만들어 파는데도 "꼬치구이는 큰 것보다 작은 게 맛있어"라고 말하며 가게를 꾸려갑니다.

숯에도 고집스럽습니다. 대부분의 가게는 비장탄(대표적인 백탄 숯으로 단단하고 화력이 좋으며 유황성분이 적어 태울 때 냄새가 많이 나지 않는다 - 옮긴이)으로 굽지만, 아키요시의 사장은 "구이 종류는 불꽃이 이는 숯으로 구워야 해"라고 말합니다.

숯의 종류, 닭고기의 크기, 꼬치의 크기와 굵기는 어느 정도가 좋은지…… 여러 면에서 집착합니다.

이렇게 작은 차이를 추구해서 그 차이를 차곡차곡 쌓아 "꼬치구이라면 아키요시!"라는 평을 얻었고 이제는 100점포 이상의 체인점을 내게 되었습니다. 꼬치 하나에 100엔 안팎인 꼬치구이를 팔아서 연간 수 억, 수십 억을 법니다.

세상 사람들은 '집착'에 대해 오해를 합니다.

종종 스님이나 성인(聖人)들은 "삶에 얽매이지 마라"든지 "집착하면 안 된다"라고 말하죠?

그런 말을 들으면 집착은 나쁜 것이라는 생각이 들지만 사실 스님도 얽매여 삽니다.

스님에게는 '얼마나 집착하지 않는가'가 바로 수행입니다. '집착하지 말기'에 집착합니다.

때문에 라면가게 주인이라면 라면에 얼마만큼 집착하는가가 중요합니다.

집착하고 집착하고 또 집착해서 '어떤 후추가 좋을까?', '간장은 어떤 게 좋을까?'라고 고민하는 것에 가게의 성패가 달려 있습니다.

스토커는 여자를 끈질기게 따라다닙니다. 그 기운으로 다른 일을 한다면 그 누구도 맞서지 못할 텐데요(웃음).

덧붙이자면 굳이 자신이 쫓아다니지 않아도 훨씬 멋진 여성들이 10배는 더 따라올지도 모릅니다.

여성에게 인기가 있거나 없거나 하는 것은 한 끗 차이입니다. 옷차림은 깨끗한지 유행에 뒤처지지는 않았는지 말투는 어떤지. 이 작은 차이들의 집합입니다.

도전은 인생을
흥미롭고 의미있게 만든다.
조슈아 J. 마린

경험보다 좋은
스승은 없다

● ●   사실 사람의 머리는 한없이 좋아집니다.

머리가 좋아지는 사람과 좋아지지 못하는 사람의 차이점은 딱 한 가지입니다.

"작은 차이의 대단함을 아는가 모르는가."

고작 이것뿐입니다.

가전제품업체 파나소닉의 창업자인 마쓰시타 코노스케 씨는 "경영의 신"이라 불릴 정도로 대단한 사람입니다. 그도 작은 차이를 아는 사람입니다.

이 사람의 비상함에 대한 일화가 있습니다. 옛날 비디오 시장에서 두 회사의 동영상 기록, 재생 방식이 서로 경쟁을 했습니다. 바로 일본 JVC(Victor Company of Japan) 사의 방식인 VHS(Video Home System)와 소니의 기술인 베타맥스(Betamax)였습니다. 그때 마쓰시타 씨는 VHS를 방식을 선택했습니다.

마쓰시타 씨가 VHS를 선택한 이유는 각각의 녹화재생기를 손에 들어보았을 때 VHS용 녹화재생기가 더 가벼웠기 때문입니다. 그야말로 경영의 신다운 선택 아닌가요?

이것이 바로 오랫동안 장사를 하며 작은 차이를 계속 쌓아온 사람이 발휘하는 신들린 직감입니다.

기술로는 베타맥스가 앞섰습니다. 하지만 VHS용 녹화재생기에는 부품이 적게 들어가기에 가벼웠습니다. 부품이 적으면 제작 비용도 적게 듭니다.

아무리 '베타맥스 기술이 더 좋다'라고 해도 화질은 별반 다르지 않습니다. 엇비슷한 화질에 그 차이가 얼마 나지 않는다면 고객은 저렴한 물건을 고릅니다.

"차이는 얼마 안 나지만 이왕이면 더 좋은 게 좋지."

이렇게 말하지만 그 작은 차이는 기술자밖에 모릅니다. 큰 차이가 없다면 가격이 비싼 물건보다 싼 물건을 구매하겠죠.

이러한 소비자의 심리를 녹화재생기를 든 순간 바로 알아채는 것이 바로 장사꾼의 감입니다.

항상 작은 차이를 갈고닦은 사람이 지닌 직감입니다.

자동차 브랜드 혼다의 창업자로 유명한 혼다 소이치로 씨도 제품을 손으로 쓱 한번 훑어보는 것만으로, 길이 측정 도구인 버니어캘리퍼스(vernier calipers)로도 측정하지 못하는 0.01mm의 차이까지 알아챘다고 합니다.

사람의 손은 울퉁불퉁합니다. 부드럽고 매끈한 손이 아닙니다. 그러나 그 거친 손으로 0.01mm의 차이까지 압니다.

작은 차이를 거듭 추구해서 외곬으로 파고들면 사물을 대하는 다양한 관점이 생깁니다.

앞서 말한 4구 당구는 아니지만 나만 생각하고 장사를 하다보면 미처 생각하지 못했던 점을 깨닫습니다.

'잠깐, 다른 사람 처지도 생각하자.'

'잠깐, 그게 회사를 위한 일인지 생각해보자.'

재미있죠? 그래서 저는 작은 차이가 너무나도 즐겁습니다.

이 세상에 열정 없이 이루어진
위대한 것은 없다.
게오르크 빌헬름

취미는
잘되는 가게 구경

●　●　　상점가의 금싸라기 땅에는 대부분 대박 가게가 자리를 잡고 있죠?

그런데 가끔씩 골목 모퉁이를 돌아선 곳에 대박 가게가 보일 때가 있습니다. 이 점이 장사의 재미이죠.

그리고 이것이 제가 가장 말씀드리고 싶은 부분입니다.

사람 중에도 멋진 남자는 당연히 인기가 좋습니다. 하지만 그렇지 않은데도 인기가 있는 사람을 보면 재미있습니다. 게다가 참고가 됩니다. 그와 마찬가지입니다.

제가 가게를 꾸린다면 반드시 이렇게 할 생각입니다.

"어딘가 후미진 곳이나 산속처럼 외진 장소에 대박 가게가 있다면 알려주세요."

종이에 이 내용을 적어 손님들에게 나눠주는 겁니다.

휴일마다 그 가게를 보고 온다면 얼마나 재밌을까요. 그곳은 진정한 노다지 광산이기 때문입니다.

노다지 광산이라고 말한다면 수선떤다고 생각하실지 모르지만 그렇지 않습니다. 정말 보물이 산처럼 쌓였습니다.

옛날 어떤 사람이 나고야인가 어느 지방 정육점이 장사가 엄청나게 잘된다는 소문을 듣고 보러 갔습니다.

그런데 고기를 사서 먹어보니 맛은 평범했습니다. 그런데 장사는 잘됐습니다.

'왜 그럴까?'

그 사람은 두근거리며 정육점을 며칠이고 유심히 지켜봤습니다. 마치 퀴즈나 수수께끼를 푸는 마음으로요.

그러던 어느 날 문득 간판에 눈길이 갔습니다.

간판에는 이런 글이 써 있었습니다.

"고기는 1번, 전화는 2번('최고'라는 뜻의 1번과 정육점 전화번호 맨 앞 숫자인 2에 착안해 만든 홍보 문구 – 옮긴이)."

이 글을 보고 '바로 이거다!'라고 생각했지요.

사실 정육점을 계속 지켜보던 사람은 카스텔라가게 주인이었습니다.

그래서 "카스텔라는 1번, 전화는 2번" 뒤에 "3시의 간식은 분메이도(일본의 유명 제과 브랜드 – 옮긴이)"라고 덧붙였답니다 (웃음). ('1번, 2번, 3시'라는 숫자로 운을 맞춘 광고로 우리나라 시엠송인 "12시에 만나요 부라보콘"과 같이 시간과 상품, 노래가 만나 큰 인기를 끌었다 – 옮긴이)

이 광고 문구로 분메이도의 카스텔라는 불티나게 팔렸습니다.

세상에 카스텔라가게는 널렸습니다. 하지만 그 가게들 모두 "카스텔라는 1번, 전화는 2번, 3시의 간식은 분메이도"라는 광고 문구에 당했습니다.

옛날에는 카스텔라 하면 후쿠사야(나가사키 지방의 카스텔라 가게로 일본 카스텔라의 원조 - 옮긴이)였습니다. 후쿠사야가 더 유명했습니다. 하지만 요즘은 후쿠사야를 모르는 사람이 많습니다. 분메이도의 지명도가 훨씬 높습니다. 재미있지요.

이 재미를 모르고 무엇을 하겠습니까?

그래서 프로 라면가게 주인이라면 잘되는 라면가게부터 배웁니다. 그리고 작은 차이의 재미를 점점 알아갈수록 달인이 됩니다. 카스텔라가게 주인이 정육점을 지켜보기도 하지요(웃음).

보통 카스텔라가게 주인은 정육점을 지켜보지 않습니다. 그런데 그것을 죽 지켜보고 먹어보고 이것저것 해본 결과 "바로 저 간판이다!", "전화번호다!"라고 깨닫다니요(웃음).

그 점이 재미있답니다.

그리고 작은 차이를 만든 곳은 또 다른 작은 차이를 추구합니다.

그래서 라면가게 주인은 휴일에 다른 동네로 라면을 먹으러 가기도 합니다. 굳이 라면이 아니더라도 장사가 잘되는 가게를 봐둬야만 합니다.

그런데 신기하게도 "손님은 안 오고 파리만 날려"라고 푸념하는 가게 주인일수록 장사가 잘되는 다른 가게를 보러 가지 않습니다.

"이 장사를 하신다면 그 가게에 가보셔야 해요"라고 알려줘도 가지 않습니다.

가만히 보면 그런 사람에게는 특징이 있습니다.

'먹고살려고 장사할 뿐 실은 때려치우고 싶어.'

'돈만 있다면 하고 싶지 않아.'

이런 생각을 가지고 일을 합니다.

한편 오랫동안 장사를 계속하는 사람은 이렇게 생각합니다.

'장사가 세상에서 가장 재미있다.'

예컨대 이것도 작은 차이입니다. 요점은 사고방식입니다.

사고방식 하나로 모든 것이 달라집니다.

•• 긍정의 눈으로 세상 보기

인도의 작가 오쇼 라즈니쉬는 "부정은 자존심에 도움이 되고 긍정은 자아를 붕괴시키기 때문에 사람들은 아니라고 부정하기를 좋아한다"고 했습니다.

가난한 집안에서 태어난 형제가 있었습니다. 같은 환경에서 성장한 두 사람은 너무도 다른 삶을 살았습니다. 형은 학식도 없고 돈도 없는 처량한 걸인이 되었고, 동생은 열심히 공부해 존경받는 훌륭한 대학 교수가 되었습니다.

이들의 사정을 들은 한 기자가 '똑같은 환경에서 자란 형제가 왜 이렇게 다른 인물이 되었는가?'라는 주제로 연구를 하게 되었습니다. 오랜 연구 끝에 기자는 특이한 점을 하나 발견했습니다. 형제가 자란 집에는 조그만 액자가 하나 걸려 있었고 형제는 액자 속에 적힌 글을 보면서 자랐습니다. 그 액자에는 'Dream is nowhere(꿈은 어디에도 없다)'라고 적혀 있었습니다.

'세상에 꿈이 없다니……'

기자는 형제에게 그 액자가 기억나느냐고 물었습니다.

처량한 신세가 된 형이 대답했습니다.

"있었죠. 20년 넘게 우리 집에 있던 액자입니다. 그 액자에는

'꿈은 어디에도 없다'라고 써 있었지요. 전 그것을 보며 늘 생각했습니다. 내게는 어떤 희망도 없다는 것을…….'

그러나 대학교수로 성공한 동생은 미소를 지으며 이렇게 대답했습니다.

"기억이 나지요. 하지만 저는 액자 속에 쓰인 글의 띄어쓰기가 잘못되었다는 것을 발견했습니다.

'Dream is now here(꿈은 바로 지금 여기에 있다).'

그래서 주어진 상황 속에서도 열심히 공부를 하면 저도 성공할 수 있다는 생각을 했고, 생각한 그대로 성공적인 삶을 살고 있습니다."

세상을 살아가면서 어떤 눈으로 사물과 사건을 바라보고 있습니까? 빨간색 안경을 쓰고 보면 모두가 빨갛게 보이고 파란색 안경을 쓰고 보면 모두가 파랗게 보이듯, 어떤 색의 안경을 쓰느냐에 따라 사물에 대한 판단도 달라집니다. 긍정의 눈으로 세상을 바라보고 긍정적인 생각, 긍정적인 행동을 하는 긍정적인 사람이 되도록 노력합시다.

•• 마음은 힘이 세다

　바르셀로나 올림픽 여자 100m 달리기에서 금메달을 차지한 미국의 게일 디버스에 대해 알고 계십니까? 그녀는 심한 갑상샘 질환을 앓고 있었으며 혈관 이상으로 얼굴과 다리가 부어 올림픽이 열리기 1년 전만 해도 달리기는커녕 걷지도 못했습니다. 의사는 달리기 훈련을 하면 병세가 악화돼 다리를 절단해야 할 가능성이 높다고 경고했습니다. 그러나 게일은 올림픽을 5개월 앞두고 강훈련에 돌입했습니다.

　코치를 비롯한 그 누가 말려도 아무 소용이 없었습니다. 그녀의 집념을 꺾을 사람은 없는 듯했습니다. 그녀는 위험한 모험을 했던 것입니다. 드디어 그녀의 뜻은 성취되었고 세계인을 놀라게 했습니다. 집념을 가진 훈련의 결과로 금메달을 받게 된 것입니다. 그녀가 병마에 시달리면서도 올림픽에서 금메달리스트가 될 수 있었던 것은 무엇보다 마음의 힘 덕분이었습니다.

　마음의 방향에 따라 행복이 올 수도 있고 불행이 올 수도 있습니다. 행복해지고 싶으면 행복할 마음을 갖춰야 합니다. 마음속에 불만이나 두려움이 도사리고 있으면 행복은 멀리멀리 도망치고 실패와 불행만 다가오기 마련입니다. 불만의 크기와 불행의 농도는

정비례합니다. 그러기에 나에게 주어진 조건을 받아들이고 새로운 미래를 건설할 진취적인 마음이 행복의 길을 안내합니다.

율리우스 케사르는 간질병이 있었고 헬렌 켈러는 언어와 청각 장애, 앞을 보지 못하는 삼중고를 겪었으며, 루스벨트는 소아마비를 견뎌야 했습니다.

그러나 이 사람들은 누구보다 훌륭한 삶을 살았고 주어진 육체적·정신적 장애가 불만의 조건이 되지 않았다는 공통점이 있습니다.

우리의 육체는 이들보다 건강합니다. 세계사에 이름을 남긴 케사르보다 건강하고 헬렌 켈러보다 멀쩡하며 백악관의 주인이 된 루스벨트처럼 소아마비가 아닌데도, 우리는 어디에도 도전할 마음을 갖지 못하고 있는 것은 아닌지요. 우리 모두 마음의 힘을 굳게 믿고 곧고 강하게 살아갑시다.

— 인생이라는 연극에 몰입하기

— 성공의 힌트는 우선 앉은자리에서 찾아라

— 남을 위한 품위 관리

— 자주하고 거듭하면 실력이 된다

4장

작은 차이를
얼마나
만들어낼까?

큰 희망이 큰 사람을 만든다.
토마스 풀러

인생이라는
연극에 몰입하기

● ● 　　제가 제자님들께 가르치는 것은 마음가짐입니다.

'인생은 참 즐거워!'

이처럼 조금만 다르게 생각하면 인생이 재미있어진다고 강조해왔습니다.

여기서 제가 말하는 마음가짐이란 한마디로 연기를 하라는 뜻입니다.

인생은 연극과 별반 다르지 않습니다.

예컨대 제가 편의점에서 일한다고 합시다. 종업원 즉, 판매원 역할로 말이죠.

먼저 그 역할의 성격을 머릿속에 그려보고 이렇게 생각합니다.

'나는 최고의 판매원이다.'

그렇게 생각하면 미소는 물론 인사하는 태도가 남달라집니다. 눈부신 미소, 모범적인 인사가 절로 나오게 되지요.

'내가 맡은 배역에서 어떻게 뛰어난 연기를 할까?'

이런 고민이 인생을 재미있고 즐겁게 살아가게 합니다.

연극은 보는 것도 좋지만 자기가 직접 배역을 맡아 인물을 만들어나가는 쪽이 몇 배는 더 즐거우니까요.

이에 그치지 않고 뛰어난 연기까지 펼친다면 그 사람의 인생은 성공이나 다름없습니다.

내 인생의 주인공은 바로 나 자신입니다.

한 사람 한 사람 모두가 주연입니다.

맡은 배역이 마음에 들지 않는다고 주인공이 투덜투덜 불평만 하면 연극은 엉망진창이 됩니다.

"우리 집도 부자였으면 얼마나 좋을까."

"키 크고 잘생긴 남자로 태어났다면 좋았을 텐데."

불평해봤자 자신만 괴로울 뿐입니다.

인생에서는 무엇보다도 '어떻게 좋은 연기를 펼칠까?'라는 고민이 중요합니다.

제 가르침은 '하늘에 신이 있다'라는 전제하에서 시작됩니다. 신은 인생이라는 연극의 감독이지요.

감독이 홀딱 반할 만큼 좋은 연기를 보여주면 다음에는 좀 더 좋은 배역을 맡게 됩니다. 그 역할도 훌륭하게 해내면 점점 더 좋은 배역이 주어지겠죠.

그러는 동안 차츰 신나는 일이 벌어질 겁니다.

잘 들어보세요. 사람은 행복해지기 위해서 태어났습니다.

이것은 의무입니다. 인간은 불행해져서는 안 되는 존재입니다.

그러니 주어진 환경에서 행복해지자 이 말입니다.

그렇게 되면 장사에도 불이 붙습니다.

왜냐하면 장사도 주어진 환경에서 일으켜야 하니까요. 그러려면 과연 어떻게 해야 할까요?

내 뜻대로 되지 않는 이 세상에서 재미난 인생을 사는 것과 시원찮은 장사를 성공시키는 것은 일맥상통합니다.

똑같이 수수께끼라는 말이지요.

그런데 사람들은 불평만 늘어놓습니다.

"가게가 구석에 있어서 손님이 안 오는 거야."

"유동인구가 적어서 틀려먹었어."

이런 말만 입에 달고 사니 가게를 번창시킬 방법이 떠오르지 않습니다.

만약 제가 강가에 위치한 가게를 얻게 되더라도 저는 그 가게를 일으킬 겁니다.

강 근처에서 장사를 하면 망한다는 속설이 있습니다. 강물이 흐르거나 제방이 있으면 강 건너에서 손님이 많이 오지 않을 테니 불리하다는 말이지요.

하지만 카타오카 치에조 선생이라면 가게의 위치는 문제가 아닙니다(웃음). 그는 비록 다리가 짧고 얼굴도 크지만 잘생긴 남자는 저리가라 할 만큼 인기를 끌었잖아요.

그러니 장소 따위는 상관없습니다. 가게 주인의 매력으로 아니면 다른 어떤 매력으로라도 작은 차이를 거듭 만들어나가면 장사도 번창하게 됩니다.

선술집을 열었다면 선술집 업계의 카타오카 치에조가 되세요. 일종의 게임처럼 말이지요.

인생은 연극입니다.

우리 회사는 이런 자세로 즐겁게 일해나갑니다.

직장인도 전업주부도 이 마음가짐으로 자기 일에 임한다면 성공합니다.

연극을 하세요. 자신의 배역을 보란 듯이 연기해보세요.

어떤 소망이 주어질 때는
그 소망이 이루어질 가능성도
함께 주어진다.
리처드 버크

성공의 힌트는 우선
앉은자리에서 찾아라

● ●   인생에서의 모든 일에 작은 노력은 중요합니다.

작은 노력은 결코 헛되지 않습니다.

사업에서도 작은 노력 하나하나가 제각각 결실을 맺음으로써 전체를 변화시킵니다.

계속해서 성장하는 회사는 사소한 부분에도 끊임없이 집착하는 곳입니다.

일본에는 세계적으로 인정받는 기업들이 여럿 있습니다. 그 기업들 역시 세심한 부분에 집착한 결과 오늘날의 성공을 이루었습니다. 0.01mm, 0.001mm 수준의 미세한 오차도 허용하지 않는 등 작은 차이를 내는 데 주력했습니다.

예컨대 예전에는 각 층 바닥에 정확히 맞춰 서는 엘리베이터가 일본제 정도였습니다. 외국인들은 '조금 어긋나는 거야 어때?' 하며 중요시하지 않았으나 일본인은 달랐습니다.

일본제 엘리베이터는 층높이가 각각 달라도 정확히 딱딱 맞춰 섰습니다.

그래서 엘리베이터는 서양인이 고안했지만 정작 일본제가 시장을 주도했습니다. 작은 차이를 추구했기 때문이지요.

잘 돌아가는 회사는 언제나 세심한 노력, 미세한 차이를 추구한답니다.

장사가 잘되는 가게도 사소한 부분에서 차이를 만드는 데 노력을 기울입니다.

전에는 장사가 잘되던 가게였는데 지금은 손님의 발길이 점점 줄고 있다면, 그것은 틀림없이 작은 차이를 추구하는 일을 그만두었기 때문입니다.

한 가지 덧붙이면 요즘은 가게를 확장하려다 망하는 경우가 많습니다.

요즘은 '이제 더 크게 만들지 말아야지'라고 생각하는 가게가 오히려 잘됩니다.

이미 확보한 손님들이 있을 테고 그 손님들에게 틀림없이 만족할 서비스를 제공하면 되니까요.

그런데 지금 찾아오는 손님은 잊은 채 새로운 고객 층에만 눈을 돌린다고 해봅시다. 지금 오는 손님도 만족시키지 못하면서 새로운 손님을 불러들인들 뾰족한 수가 있을까요?

오히려 현재의 손님들을 만족시켜서 그들이 지인에게 소개하거나 알리면서 입소문을 타고 새로운 손님이 찾아오게 하는 것이 빠르겠지요.

지금까지는 텔레비전이나 전단지를 이용한 광고가 효과적이었지만 이제는 그렇지 않습니다. 외부를 향해 광고하던 시대는 지났습니다.

지금 라면가게 손님이 10명뿐이라면 우선 그 사람들이 만족하고 기뻐할 만한 서비스를 궁리하면 됩니다.

그렇게 해서 1주일에 1번 올 손님이 2번 온다면 매상은 2

배로 늘겠지요.

게다가 그 손님이 주위 사람들에게 "난 일주일에 2번이나 그 집에 라면 먹으러 간다"라고 말한다면, 새로운 손님도 따라오는 결과를 낳습니다.

다시 말해 장사는 바깥으로 확장하려고 해서는 안 됩니다.
그보다는 내실을 기해야 합니다.
지금 내 가게를 찾아준 손님이 '정말 마음에 드는 곳이야'라고 생각할 만한 영업을 해야 합니다.
사람은 맛있는 음식을 먹으면 즐거워집니다. 음식을 대접하는 동안 밝은 대화가 오고간다면 더욱 즐거워지겠지요.
이와 같은 방법으로 지금 우리 가게에 와 계신 손님이 기뻐할 만한 서비스를 끊임없이 개발해서 제공한다면, 손님은 반드시 늘어납니다.
그러니까 이 순간 내 눈앞에 있는 손님이 기뻐하도록 만드세요. 엉뚱한 데를 처다보면 허사입니다.

그런 다음 작은 차이에 작은 차이를 차곡차곡 쌓아나간다면 반드시 놀라운 일이 일어납니다.

그런데 그렇게 해서 돈이 모이면 "이제는 해외로 나가는 거야"라며 거창한 계획을 세우기 일쑤입니다. 그러다 보면 세심한 부분에 주의를 기울이지 않게 되지요.

사소한 부분에는 신경을 쓰지 않은 채 큰 계획만을 그리다보면 십중팔구는 그대로 망해버립니다 (웃음). 거창한 목표가 아니라 세심한 부분에 주의를 기울여 작은 차이를 만드는 것, 그것이 성공의 비결입니다.

자신이 처한 그 자리를 찬찬히 살펴서 작은 차이를 추구해 나가세요.

지성인은 자기의 마음으로
자신을 망보는 사람이다.
까뮈

남을 위한
품위 관리

● ● 　　성공 비결 중 '남을 위한 품위 관리'라는 것이 있습니다.

저는 다른 사람을 위해서 무언가를 할 때, 다른 사람을 이끌고자 할 때, 남을 위한 품위 관리가 꼭 필요하다고 말합니다.

남을 위한 품위 관리란 무엇일까요?

제가 아는 분 가운데 뛰어난 재능에 훌륭한 인격까지 갖춘 멋진 사람이 있습니다.

그는 자기 고향을 발전시키기 위해 "이렇게 해봅시다", "저렇게 해봅시다"라고 호소하며 열심히 마을 사람들을 설득하고 다녔습니다.

그러나 마을 사람들은 귀담아 듣지 않았습니다.

왜냐하면 그는 청빈한 삶 즉, '깨끗하고 가난하지만 아름답게 사는 삶이 옳다'고 생각하는 사람이었거든요.

요컨대 옷차림부터 소지품까지 모든 것이 수수했습니다.

그런 사람을 두고 히토리 씨는 "품위 관리가 부족한 사람"이라고 부릅니다.

본인은 검소하고 수수한 자기 모습이 옳다고 여기겠지만 사람들의 심리는 그렇지 않습니다.

사람들은 당신을 처음 본 순간 '이 사람, 대단하군' 하는 생각이 들어야 당신이 하는 말에 귀를 기울입니다.

"저 사람, 알고보니 대단한 사람이었어."

이렇게 차차 자신의 대단함을 알아주기를 기대하지만 그렇게 되기는 힘듭니다. 왜냐하면 서로의 진정한 모습을 알아볼 만큼 자주 만나기가 어려우니까요.

처음 만나는 순간, 상대가 당신을 보고 한눈에 '굉장한 사람'이라고 생각하도록 만들어야 합니다.

그런 까닭에 남을 위한 품위 관리가 필요합니다.

옛날에 귀족들은 성에 살면서 화려한 가마를 타고 다녔습니다. 서민들은 그것을 보고 귀족인지 알아보았습니다. 그런 높은 사람의 칭찬을 받는 것은 서민들의 큰 기쁨이었습니다.

태평양 전쟁도 천황이 "전쟁을 그만두자"라고 말했기에 끝났습니다. 천황은 황궁에 살지요.

그저 그런 사람이 말했다면 아무도 듣지 않았을 겁니다.

어떤 사람이 말하는가에 달렸습니다.

누군가는 "석가모니는 천 쪼가리나 둘둘 감고 다녔어도 모든 이들로부터 존경받았다. 그러니 사람 나름 아닌가?"라고 말할지도 모르지만 그렇지 않습니다.

석가모니가 왕의 아들이라는 사실은 누구나 다 알았습니다. 게다가 지체 높은 양반들이며 다른 나라 국왕까지 석가모니에게 고개를 조아리는 광경을 보았습니다.

그래서 모두가 석가모니의 설법을 황공히 여기며 들었습

니다. 석가모니의 출신을 모르는 상태에서 처음부터 "가르침이 훌륭하니까"라며 듣지는 않았습니다.

애초에 평범한 백성들은 석가의 어려운 설법을 들어도 무슨 말인지 몰랐을 테니까요(웃음).

사람들은 설법이 훌륭해서가 아니라 높은 분들이 고개를 숙이니까 비로소 '아, 훌륭한 사람인가보다'라며 설법을 들을 마음을 먹습니다.

그러니까 진심으로 타인을 이끌어주고 싶거나 구해주고 싶은 마음이 있다면 차림새가 지저분해서는 안 됩니다. 항상 깨끗해야 하고 초라해서는 안 됩니다.

그것이 '남을 위한 품위 관리'입니다.

관음보살을 떠올려보면 굉장히 화려하고 아름답지요? 관음보살은 사람을 구원하기 위해서 그처럼 화려하게 치장했습니다.

사람들은 '보기 좋구나. 나도 저런 사람이 되고 싶다'라는 마음이 들어야 비로소 그 사람의 이야기를 들으려 합니다. 그렇지 않으면 귀를 기울이지 않습니다. 그러니 화려하고 아름답게 꾸미는 것이지요.

그것이 남을 위한 품위 관리입니다.

그래서 저는 저의 제자님이기도 한 '마루칸'의 사장들에게 이렇게 말합니다.

"옷차림을 단정히 하세요."

"세련되고 화려한 옷을 입으세요."

"장신구도 잊지 말고 화려하게 꾸미세요."

그저 허세를 부리라고 하는 말이 아닙니다.

세상 사람들이 보기에 멋지도록 옷차림과 말투에 신경을 쓰라는 뜻입니다.

다른 이들에게 옳은 것을 알려주고 있으니까 겉모습이야 어떻든 상관없다는 생각은 잘못되었습니다.

멋진 건물을 세우기 위해서는 토대가 필요합니다. 토대를 탄탄하게 쌓은 후에 그 위에다 집을 짓듯이 바람직한 의견을 내세우는 데도 품위 관리가 필요합니다.

품위 관리를 하지 않으면 아무리 좋은 의견을 말해봤자 허사입니다.

품위 관리도 제대로 하지 않으면서 "다들 내 말은 들은 척도 안 한다"라는 건 옳지 않습니다. 그야 당연하지요. 사람이 가진 속성이 그렇거든요. 인간은 원래 그런 존재랍니다. 이것이 현실입니다.

많은 사람들의 일이 제대로 풀리지 않는 이유는 그들이 현실을 무시하기 때문입니다.

비행기를 날릴 생각이라면 날개와 프로펠러를 달아서 정확한 이치에 따라 조작해야 합니다. 현실을 무시하면 비행기는 날지 않습니다.

남들이 내 말에 주목하길 바란다면 비행기를 띄울 때의 자세처럼 그들이 귀기울일 만한 조건을 갖추면 됩니다.

앞에서 한 말을 반복할 생각은 아닙니다만 "우리 회사는 사기가 오르지 않습니다"라고 하는 당신, 사기가 오를 만한 방법을 제대로 적용했나요?

물이 끓지 않을 때는 불이 약하거나 아니면 무언가 다른 이유가 있습니다. 그와 마찬가지로 자기 조직 내에서도 원인에 합당한 처방을 써야 합니다.

지도자란 좋은 말만 하는 자리가 아닙니다.

좋은 말을 하는 건 기본이고 남들이 내 의견을 듣고 싶어 하는 분위기까지 만들어야 합니다.

상대가 듣고 싶어 하는 분위기가 아니라면 분위기를 조성해야 합니다.

자신만을 위해서가 아닌 남을 위한 품위 관리를 할 수 있겠습니까?

자신만 돋보일 생각으로 치장하는 사람은 대체로 별 볼일 없는 사람입니다.

남을 위하겠다는 생각만 하는 사람도 마찬가지입니다.

나를 위하고 남도 위하는 일이어야 합니다.

거룩하고 즐겁게 활기차게 살아라.
믿음과 열심에는 피곤과 짜증이 없다.
어네스트 홈즈

자주하고 거듭하면
실력이 된다

● ●　　　"계속(繼續)하면 힘이 된다."

옛날부터 흔히들 하는 말입니다만 저는 이렇게 말합니다.

"중속(重續)하면 힘이 된다."

이게 바로 히토리 씨 방식입니다.

저는 옛날부터 '중속'이라는 말에 착안해 계속 사용해왔습니다.

그랬더니 하루는 어떤 사람이 "중속이라는 말은 없는데요?"라고 의아해하더군요.

하지만 제 경험 그리고 세상사를 보더라도 역시 중속이 옳았습니다.

뭐든지 거듭해나가야 합니다.

중속이 무슨 뜻인가 하면 이렇습니다. 전 어떤 일이든 일단 시작하고 봅니다.

가령 나선형 도로를 주행한다고 생각하면 이해하기 쉽겠네요. 저는 일단 진입해 들어갑니다. 둥글게 굽은 길을 따라 한 바퀴 돌면 이전보다 위에 올라와 있습니다. 요컨대 처음의 실수를 딛고 한 단계 올라서더라는 말입니다.

그리고 또다시 한 바퀴 쑥 돌아가고 또 한 바퀴 또 한 바퀴 거듭하면서 위로 올라갑니다. 이렇게 하다보면 남과의 경쟁은 무의미해집니다.

그러니 일단 해보는 겁니다. 해보면 '이 부분이 부족했구나. 다음에는 이렇게 해보자'라는 생각이 들듯이 일단 부딪쳐봐야 얻게 되는 깨달음이 있습니다.

그렇게 해서 부족한 점을 개선하고 다시 돌아와 개선하고 또다시 돌아와 개선한다는 뜻입니다.

이것이 바로 신의 섭리입니다.

한 바퀴, 두 바퀴 돌아 차근차근 경험을 거듭해나가면서 위로 올라가야 합니다.

비행기가 이륙할 때처럼 일직선으로 곧게 올라가는 것이 아닙니다.

세상을 둘러보세요.

사실 전기자동차는 옛날에도 있었습니다. 그 전기자동차가 다시 돌아왔습니다. 그러나 옛날의 전기자동차와는 다릅니다. 전지가 다르고 주행거리 면에서도 뚜렷한 차이가 보입니다. 전보다 성능이 향상되었습니다.

어느 시대든 처음으로 돌아갑니다.

하지만 돌아간다고 해서 옛날과 똑같지는 않습니다.

어느 시대나 빙글빙글 돌고 돌아 다시 찾아오고 그때의 모습은 어김없이 이전보다 더욱 발전해 있습니다. 빙글빙글 돌기를 거듭해나가면서 원래보다 조금 더 발전하고 다시 조금 더 발전한다는 말입니다.

다만 앞서 말했듯이 다가올 시대에는 거창한 것을 바라서
는 안 됩니다. 인생 만사 작은 차이가 좌우합니다.

작은 차이를 끊임없이 쌓아나가야 합니다. 이렇게 거듭된
작은 차이가 뜻밖에도 커다란 결실을 가져다줍니다.

장사도 결국 작은 차이를 중속하는 데 달려 있습니다.

'히토리 씨를 만나면 굉장한 비결을 알려줄 테고 그대로
하면 벼락부자가 되겠지'라고 생각하는 사람이 있습니다. 하
지만 저는 그런 기대를 만족시켜드리지 못합니다.

"가게가 지저분하면 청소를 하세요."

"언제나 웃는 얼굴로 손님을 대하세요."

"메뉴의 음식을 좀 더 맛있게 만들어보세요."

이런 작은 차이를 기관총처럼 쉴 새 없이 쏟아냅니다.

대포나 원자폭탄처럼 '뻥' 하고 터뜨리는 것이 아니라 작
은 총알을 두두두두두 연속해서 발사해야 합니다.

'작은 차이를 얼마나 만들어낼까?'

여기에 달려 있습니다.

이런 작은 차이가 재미있어지기 시작할 때 비로소 여러 변화가 일어납니다.

땔나무를 주워 생계를 유지하는 가난한 두 나무꾼이 있었습니다. 어느 날 두 사람이 산에 땔감을 구하러 갔다가 커다란 솜 보따리 두 개를 발견했습니다. 두 보따리의 솜을 판다면 양쪽 집 가족이 한 달 동안 근심 걱정 없이 먹고살 수 있었기 때문에 가난한 나무꾼들에게는 너무나 큰 행운이었습니다.

두 사람은 각자 한 보따리씩 솜을 메고 산을 내려오는 도중 커다란 한 뭉치의 천을 발견했습니다. 그것은 삼베 천이었는데 10여 필이나 되었습니다. 한 나무꾼이 기뻐하면서 동반자에게 어깨에 짊어졌던 솜을 내려놓고 값이 더 나가는 베를 메고 가자고 했습니다. 하지만 동반자는 이미 솜을 메고 이렇게 많이 내려왔는데, 여기까지 와서 솜을 버린다면 헛수고라는 생각이 들어 그냥 솜을 지고 가겠다고 고집을 부렸습니다. 삼베 천을 먼저 발견한 나무꾼은 동반자를 여러 번 설득했으나 결국은 혼자서 베를 짊어지고 내려가게 되었습니다.

베를 짊어진 나무꾼이 한참동안 길을 내려오다 수풀 속에서 반짝반짝 빛나는 것을 발견했습니다. 다가가 보니 뜻밖에도 몇 단지나 되는 황금이 널려 있었습니다. 대운이 텄다고 생각한 그는 동반자에게 지금까지 지고 온 것들을 버리고 황금을 이고 가자고 했습니다. 하지만 동반자는 여전히 여태껏 지고 내려온 수고가 아까워서 솜을 그냥 가져가겠다고 미련을 떨었습니다. 그러면서 그 황금은 가짜일지도 모르니 공연히 쓸데없는 욕심을 냈다가 나중에 일장춘몽이 될 수 있다는 말까지 했습니다.

황금을 발견한 나무꾼은 하는 수 없이 혼자서 황금 두 단지를 지고 솜을 가진 나무꾼과 함께 집으로 향했습니다. 그런데 산 아래까지 내려왔을 때 공교롭게 갑자기 소나기가 쏟아지는 것이 아닙니까? 두 사람은 아무도 없는 벌판에서 흠뻑 비를 맞을 수밖에 없었습니다. 하지만 불행히도 솜이 물에 흠뻑 젖어 너무 무거워서 도저히 지고 갈 수가 없게 되었습니다.

기회는 계속 오는 것이 아닙니다. 천재일우의 기회도 잘 붙잡지 못하면 평생 뜻을 이루지 못하고 살아갈 수 있습니다. 우리 모두 시대적 변화에 적응해 기회를 포착하고 활용합시다.

•• 사람들이 원하는 것을 찾아라

　　1974년, 짐과 요한이라는 형제는 사람들이 당시의 영화관 시설에 불만이 많다는 것에 착안해 10만 달러를 투자해서 플로리다 주 쇼핑센터 근처에 레스토랑 영화관을 건설했습니다.

　　이 영화관은 관객들이 레스토랑 손님과 마찬가지로 편안하게 앉아서 샌드위치나 피자를 먹고 맥주도 마시면서 여유를 가지고 영화를 즐기도록 만들어졌습니다. 이색적인 레스토랑 영화관은 문을 열자마자 연일 만원을 이루었는데 특히 젊은 청춘 남녀들의 스타일에 알맞았습니다. 영화관에는 정연하게 배열된 전통적인 의자도 없었고 넓은 공간에 테이블과 의자를 놓고 있어 따분한 감을 주지도 않았습니다. 게다가 멋진 연미복을 차려입은 서비스맨들이 예절 바른 태도로 손님에게 최상의 서비스를 제공했습니다.

　　당시 미국 일반 영화관의 입장권이 5달러였는데 이 영화관의 입장권은 2달러밖에 안 되었습니다. 그래도 입장권 때문에 밑지지는 않았습니다. 그들의 수입은 입장권보다도 이익이 엄청나게 많이 남는 음식과 음료에 있었기 때문이었습니다.

　　더욱 재미있는 것은 많은 손님들이 이 영화관에서 어떤 영화를 상영하는가에 대해 신경을 쓰지 않는다는 점입니다. 그들이 좋아하는 것은 영화관의 가정 같은 분위기였고 또 다른 사람들은 이 영화관의 맛있는 음식과 음료를 보고 왔습니다.

영화관 사업은 사양길이라고 기존의 업자들이 한탄만 하고 있을 때, 영화를 보는 동시에 음식을 먹을 수 있는 레스토랑 영화관이라는 발상의 전환으로 이 형제는 미국 전역에 21개의 체인점을 세우게 되었습니다.

세상이 불황이라고 다 장사가 안 되는 것은 아닙니다. 하던 일이 안 된다고 포기하는 사람이 있는가 하면 그 일에 새로 뛰어드는 사람도 있으며, 남들은 불황인데도 호황을 누리는 사람도 있습니다.

지금 하고 있는 일이 잘 안 된다면 발상의 전환을 해보는 것은 어떨까요?

— 삶이란 소중한 것들을 늘리는 일

— 갈고닦으면 누구나 다이아몬드

— 순리대로 하면 된다

— 생각만으로 이루어지는 것은 없다

— 당신의 보물 상자를 채우세요

5장

철들지 않은
인생이
즐겁다

남에게 기쁨을 주는 사람만이
더 많은 기쁨을 즐길 수 있다.

알렉산더 듀마

삶이란
소중한 것들을
늘리는 일

● ● 제 가르침은 변함없습니다.

세상이 얼마나 변하든 상관없이 하는 말은 항상 같습니다.

"성공은 행복이다."

오래전부터 끊임없이 말했습니다.

그렇다면 행복한 성공을 위해서 무엇부터 챙겨야 할까요?

자신이 그 무엇보다 소중합니다.

아무리 아름다운 말로 치장하더라도 자신이 살아 있어야 세상이 의미 있으니까요.

"자신도 소중하고 다른 사람도 소중하다"라는 말씀을 드리고자 합니다. 주인공과 조연을 놓고 다투는 단순한 힘겨루기가 아닙니다.

인생은 자신의 소중한 것을 찾아가는 여행입니다. 저는 그렇게 생각합니다.

이 여행에서 일과 동료는 소중합니다.

그렇기에 제가 아는 것들을 전할 기회가 있으면 지금처럼 책을 쓰거나 다른 방법으로 가르칩니다. 이로써 사람들이 좋아한다면 저 역시 기쁩니다.

때문에 제게는 가르친다는 것도 소중합니다.

제 저녁 강연에 참석하기 위해 낮부터 줄을 서서 기다리는 분들이 많습니다. 무척이나 감사한 일입니다.

책이 나오면 읽어주시는 분도 소중하지만 책을 내주는 출판사도 소중합니다. 책이 나올 때까지 작고 세세한 부분의 작업을 해주는 많은 분들도 소중합니다.

여행을 좋아하는 저는 일본의 경치를 사랑합니다. 여행지에서 명승고적을 방문하는 것이 제 취미입니다. 이러한 일들도 저에게는 무척 소중합니다.

　세상에는 소중한 것들이 가득합니다.

　그래서 살아만 있으면 소중한 것이 넘치도록 늘어나는 법입니다.

　소중한 것들에 둘러싸이는 삶이야말로 진정 풍요로운 인생입니다.

　소중한 것을 하나도 찾지 못한 인생보다 하나라도 발견한 인생이 행복합니다.

　하나 더 또 하나 더 늘려갈수록 그만큼 더 행복해집니다.

　자신이 손에 넣은 보물 하나하나를 소중히 여기며 그 위에 하나씩 더해가는 사람이 매력적입니다.

나는 내 운명의 주인이자
내 마음의 선장이다.
윌리엄 어네스트 헨리

갈고 닦으면
누구나 다이아몬드

● ●　　자신을 매력적인 사람으로 만드는 일은 굉장히
중요합니다.

매력 없는 사람으로 죽는다고 생각해보세요. 싫겠지요?

"나는 추남이야."

"나는 다리가 짧아."

이렇게 탄식하는 사람도 있습니다. 하지만 험프리 보가트
처럼 큰 얼굴에 짧은 다리로도 세계를 사로잡은 남자가 있습
니다.

자신에게 아무것도 없다면 삶을 포기해야 할까요? 그렇지
않습니다.

자신을 개선하면 됩니다. 개선이라는 말은 다른 사람이 되라는 의미가 아닙니다.

이제 와서 "다리를 10cm만 더 늘려주세요"라고 기도해봐야 길어지지 않습니다(웃음).

키를 늘리진 못하지만 굉장히 매력적인 사람으로 변할 수는 있습니다.

'매력적인 사람이 될 거야!'라고 바라고 노력하면 그 꿈은 분명히 이뤄집니다.

저는 신에게서 "당신은 아주 매력적이군"이라는 말을 들으며 죽고 싶습니다.

어떻게 해야 매력적이 되냐고요? 좋은 책을 한 권 읽는다면 조금은 매력적인 모습에 가까워집니다.

본심은 '바보 자식!'이라고 내뱉고 싶을 때도 입으로는 천국의 말을 하면 됩니다.

이러한 아주 작은 부분들이 계속 쌓이다보면 사람은 매우 매력적으로 변하게 됩니다. 이렇게 자신을 갈고닦으세요.

사람은 보석과 마찬가지라고 생각합니다.

원석은 연마하고 또 연마한 다음 보석으로 변합니다. 그리고 연마가 끝난 최고의 순간에 갈라져 부서진다고 합니다.

마찬가지로 사람도 보석처럼 스스로 꾸준히 갈고닦은 그 최후의 순간에 죽음을 맞이하는지도 모릅니다.

하지만 육체는 썩어도 영혼은 죽지 않습니다. 다음 생에 다시 태어나 이 세상에 왔을 때는 전생에서 갈고닦은 지점부터 시작한다고 합니다.

이번 생에서 변변치 않은 원석인 채로 죽는다면 다음 생은 그 지점에서 시작하게 될 것입니다. 저는 그렇게 믿습니다.

그러니 열심히 자신을 갈고닦으세요.

만약 일에 대해서는 반짝반짝 빛날 정도로 갈고닦았지만 사람 사이의 관계는 엉망이이라면 인간관계를 갈고닦으세요.

자신의 손이 닿는 범위에서 나름의 방법으로 빡빡 뽀득뽀득 갈고닦아보세요.

그러면 100캐럿이 넘는 다이아몬드처럼 빛날 것입니다.

인생을 해롭게 하는 비애를 버리고
명랑한 기질을 간직하라.
셰익스피어

순리대로 하면
된다

● ●　　이 세상은 틀림없이 순리로 이루어져 있습니다.

우주선이 날아오르는 것도 우주 공간에 머무는 것도 모두 토대가 되는 이론이 존재하며, 정확한 계산 위에서 이루어집니다.

절대로 우연히 날아가거나 하지 않습니다. 우주왕복선이 다시 지구로 돌아오는 데에도 확실한 이론이 필요합니다.

불가사의한 현상에도 기적으로 여겨지는 일에도 분명한 순리가 존재합니다.

마술 쇼에서도 기적처럼 보이는 현상 이면에는 확실한 순리가 있습니다.

우주선 역시 제작하는 사람의 눈으로 보면 우주에 갔다가 되돌아올 수 있는 확실한 순리가 있습니다. 우주선을 만드는 사람들이 작은 차이를 거듭 쌓아 만든 결과입니다.

하나의 기술이 아닌 연속된 기술의 축적이므로 비전문가가 봐서는 이해가 가지 않는 것뿐입니다.

장사든 다른 분야든 인생은 작은 차이의 축적입니다.

행복도 웃음을 짓거나 천국의 말을 하는 것에서부터 출발합니다. 행복해 보이는 옷차림도 작은 차이의 연장선입니다.

그 작은 차이 하나하나로 행복은 쑥쑥 자라납니다.

이것이 작은 차이에서 얻어지는 이득입니다.

보통 사람은 끙끙 노력하지만 돌아오는 보답은 매우 작습니다.

하지만 실제로는 다릅니다.

실제로는 작은 차이의 노력에서 큰 차이의 보답을 얻게 됩니다.

저는 이러한 점을 있는 그대로 가르치고 싶습니다.

제가 처음 책을 낸 지가 벌써 10년이 넘었습니다. 당시 "작은 차이가 큰 차이이며 굉장한 것"이라는 점을 제대로 알려드리지 못했던 것 같습니다.

그래서 "웃으면 좋습니다"라던가 "천국의 말을 하면 좋은 일이 생깁니다" 등의 갖가지 말을 해주었음에도 몇몇 사람만이 작은 차이를 실천했다고 생각합니다.

이 정도의 일을 해봤자 결국 종이 한 장 차이라고 여겼겠지요. 하지만 그렇지 않습니다.

1cm의 노력은 1m가 되어 돌아옵니다.

그런 까닭에 작은 차이란 신기하고 즐겁습니다.

그것을 전하고 싶어서 저는 항상 새로운 작은 차이에 도전합니다.

신기한 말을 하는 것이 귀함이 아니라
실행함이 귀하다.
이태백

생각만으로
이루어지는 것은 없다

● ● 　젊은이, 중년, 노년 모두 마찬가지입니다. 다들 소
중한 것을 찾습니다. 살아 있는 동안 소중한 것을 찾는 여행
을 계속합니다.

　발견한 사람은 행복합니다.

　다만 소중한 것은 찾아나서지 않으면 눈에 띄지 않습니다.

　따라서 움직여야 합니다.

　자신이 찾으러 가지 않으면 눈에 보이지 않으니까요.

　그림을 그리러 가도 좋고 단체 활동에 참가해도 좋습니다.
어쨌든 뭐라도 행동하지 않으면 찾지 못합니다.

　제가 "여자들이 더 행복하다"라고 자주 말하는 것은 여자

들은 요가를 배우러 가는 등 여러 활동을 하기 때문입니다.

남자들은 좀처럼 움직이지 않습니다. 정년퇴직을 한 사람을 보면 아무것도 하지 않고 집에만 틀어박혀 있지요? 반면에 여자들은 춤을 배우러 가기도 하고 다른 여러 활동을 합니다.

정말입니다. 아무것도 하지 않으면 그 어떤 것도 발견하지 못합니다.

복권도 사야 당첨됩니다.

책도 읽었기 때문에 '좋은 말이 쓰여 있군'이라고 생각하지요. 읽지 않았다면 아무 일도 일어나지 않습니다.

그러니까 일단은 행동부터 해야 합니다.

우리가 사는 지구라는 별은 행동하지 않으면 아무것도 일어나지 않는 곳입니다.

제가 '천국의 말'이나 '사고방식'을 강조하는 이유는 쓰는 말에 따라 사고방식이 성숙하고, 그럼으로써 행동이 달라지기 때문입니다.

그저 생각하는 것만으로, 말하는 것만으로는 충분하지 않습니다. 천국의 말을 입에 올리고 천국의 생각을 함으로써 자연스럽게 행동이 따라옵니다. 평소에 입에 올리는 말을 생각하게 되고 평소에 생각하는 것이 행동으로 나타나게 됩니다.

이처럼 맨 마지막 단계는 행동입니다.

아무런 행동 없이 세상은 변하지 않습니다.

안정은 행동에서 나옵니다.

자전거와 같습니다. 멈춘 채로는 쓰러지고 맙니다.

이륜차란 그런 법입니다. 두 다리로 살아가는 인간도 꼼짝 않고 우두커니 서 있으면 빈혈로 쓰러집니다.

그렇기에 걷든지 다른 행동을 하든지 해야 합니다.

아무것도 하지 않고 '어떻게든 되겠지'라고 생각해도 되는 일은 없습니다. 생각만으로는 아무런 변화도 없습니다.

안정은 행동에서 나옵니다.

이 말을 반드시 가슴속에 새겨두세요.

말하자마자 행동하는 사람,
그것이 가치있는 사람이다.
엔니우스

당신의 보물 상자를
채우세요

● ●   이 우주에는 수(數)의 개념을 뛰어넘을 정도로 수많은 별들이 있습니다. 그 가운데 우리는 왜 이 지구에 태어났을까요?

우리가 여기에 온 이유는 특별한 목적이 있기 때문입니다.

"이곳은 생각만으로는 소용없어요. 당신의 생각을 행동으로 표현해보세요. 그래야 그 생각이 옳은지 그른지 알게 되는 별이죠."

사람이 저세상에서 이 세상의 지구라는 별로 보내져 태어났을 때는 이런 말을 들었습니다.

저쪽은 상념의 세계입니다. 생각만으로도 충분합니다. 하지만 그 생각이 옳은지 그른지는 모릅니다. 그 때문에 "지구라는 별에 가보세요" 하고 인도받았습니다.

지구는 생각하고 행동해야 하는 별입니다.

"행동해야 옳은지 그른지 알아요."

신의 말씀에 따라 우리는 지금 이곳에 있습니다.

인간은 신의 아이들이며 아직도 수행 중인 까닭에 실수를 하기도 합니다.

실수에 따른 곤란한 일도 생기지만 이럴 때에는 "틀렸으니 다시 바로 잡으세요"라는 말씀이 들립니다.

신은 인간을 고생시키려고 있는 게 아닙니다.

단지 부모처럼 잘못을 그만두게 하려 할 뿐입니다.

그리고 행동하지 않으면 아무 일도 일어나지 않습니다. 지구는 그러한 별입니다.

영혼의 공간에서 행동을 배우러 이곳 지구에 왔습니다.

이 별에서는 행동하지 않는 것 자체가 '아무것도 하지 않는'다는 행동을 뜻합니다.

다시 말하면 '행동하지 않는다'는 행동을 하지 않는 것이 아니라 '아무것도 하지 않는다'는 행동을 취하는 것입니다. 그래서 그 결과가 어떻게 되는지를 배웁니다.

'아무것도 하지 않으면 아무 일도 일어나지 않는다'라고 생각하는 사람이 있습니다. 하지만 '아무것도 하지 않으면 아무것도 일어나지 않아야 하는데 실제로는 좋지 않은 일이 생긴다'는 사실을 알게 됩니다.

아무것도 하지 않으면 생각지도 못한 몹시 곤란한 일로 경제적인 어려움을 겪기도 합니다.

때문에 아무것도 하지 않는 것은 행동하지 않는 것이 아닙니다. '아무것도 하지 않는' 행동을 취한 것입니다.

그러니 어차피 행동을 해야 한다면 건설적인 행동을 하는 편이 좋겠지요?

건설적인 행동은 건설적인 결과를 가져와 좋은 일이 생기게 합니다.

"운이 좋군."

이 같은 천국의 말을 하는 것도 행동입니다. 액세서리로 치장하고 천 원짜리 브로치로 꾸미는 것도 행동입니다. 밝은 색의 옷을 입는 것 역시 행동이겠지요?

이런 건설적인 행동에는 좋은 결과가 따라옵니다.

당연합니다. 그것이 순리입니다.

"간절히 바라면 이루어진다"는 말이 있습니다. 간절히 바라는 것도 행동입니다.

바라고 또 바라고 행동하고 싶어질 만큼 바라세요.

이처럼 잘되는 일들은 모두 건설적인 행동의 결과입니다.

몇 번이고 같은 말을 반복해서 미안하지만 이곳은 행동하지 않으면 아무 일도 일어나지 않는 별입니다.

이것은 분명한 사실입니다.

그러므로 행동하세요.

행동할 때는 올바른 작은 차이를 행하세요.

1cm의 작은 차이는 1m의 큰 보답으로 되돌아옵니다.

작은 차이란 그런 것입니다.

만약 1cm의 작은 차이에서 1m의 보답이 돌아오지 않았다면 당신이 잘못된 노력을 했다는 뜻입니다.

올바른 작은 차이에는 반드시 큰 보답이 따라옵니다. 보답이 크지 않다면 방법이 틀린 것입니다. 이것도 작은 차이의 잘못에서 비롯됩니다.

"웃는 얼굴을 하세요"라는 말에서 '웃는 얼굴'은 올바른 작은 차이입니다. 이 작은 차이 뒤에는 굉장한 보답이 있습니다. 이렇게 말씀드렸는데도 '해봤자 인생 별거 없어'라고 생각한다면 얼굴에서 웃음이 피어오르지 않겠지요.

자신은 웃는다고 하겠지만 주변 사람들에게는 그렇게 보이지 않습니다.

웃는 얼굴에서 치아가 보이지 않는다면 웃는 얼굴이 아닙니다. "치아를 보이세요"라고 했다고 치과의사에게 이를 보여주듯이 입을 벌려서는 안 되겠지요(웃음).

웃는 얼굴이란 남들이 보았을 때 웃는 얼굴입니

다. 눈웃음을 치는 것도 웃음입니다.

이처럼 작은 차이가 큰 차이로 변하지 않았다면 방법에 문제가 있습니다.

작은 차이는 반드시 큰 차이의 보답으로 되돌아옵니다.

잘되지 않았다면 반드시 잘못된 작은 차이 탓이겠지요. 하지만 바로잡으면 해결됩니다.

제가 말씀드린 것을 평생 동안 실천해보세요.

그러면 인생이 즐거워집니다.

즐겁지 않다면 작은 차이의 중요함을 깨닫지 못했다는 의미입니다.

한번 알게 되는 순간 인생은 정말로 즐거워집니다.

"이렇게 즐거운 세상에 참 잘 태어났구나!"라고 말할 정도로 즐거워집니다. 정말입니다.

"히토리 씨 팬이에요. 히토리 씨를 믿어요."

만약 당신이 이렇게 말한다면 좀 더 확실하고 굳게 믿어주세요. 제가 거짓말을 한다고 해도 한번 믿어보세요. 분명 보답이 있을 것입니다(웃음).

저도 여러분과 함께 '좀 더 좀 더 작은 차이를 위해' 갈고
닦겠습니다.

살아 있는 동안에 작은 차이를 추구해서 소중한
것을 찾으세요. 영혼을 보물로 가득 채워서 천국에
갔을 때 각자의 보물을 뽐내는 파티라도 열까 합니
다(웃음).

여러분과 그런 파티를 하게 된다면 얼마나 기쁠까요?

"어때요? 제 보물 괜찮죠?"

모두들 자랑스럽게 자신의 보물을 꺼내 보이면서 말입니
다. 이런 파티가 열린다면 정말로 굉장할 겁니다.

그럼 이만.

천국의 파티에서 만나기로 해요.

감사합니다.

추신) 이 책은 적어도 7번은 반복해서 읽기를 권합니다.

213

∙∙ 삶을 바꾸는 사소한 계기

미국의 사상가 에머슨은 "사람은 누구나 타고난 천직이 있다. 재능이 그것이다"라고 했고, 영국의 평론가 해즐릿은 "재능은 근면과 노력에 의해 얻어지는 것이며 자발적인 힘이다"라고 했으며, 벤저민 프랭클린은 "재능을 감추지 말라. 재능은 사용되기 위해서 있는 것이다"라고 했습니다.

미국 미시시피 주의 작은 마을에 불운한 소년이 살고 있었습니다. 그의 학업 성적은 밑바닥을 헤맸으며 가장 친한 친구인 지미의 집에도 놀러갈 수 없었습니다. 지미의 부모가 소년을 가난뱅이의 자식이라고 업신여겼기 때문입니다. 그렇지만 소년은 언젠가는 쥐구멍에도 볕 들 날이 있으리라는 희망을 잃지 않았습니다.

소년은 음악을 좋아했으며 기타를 가지고 있었으나 소리를 맞추는 방법을 몰랐습니다. 그러던 어느 날 이름이 좀 알려진 가수이자 사촌 형 론조 그린이 찾아왔습니다. 두 사람은 낡은 중고 기타를 들고 집 가까운 잔디밭에 앉아 노래를 불렀습니다.

그때 딱하다고 생각했던지 사촌 형이 가락을 맞추는 방법을 설명해주고 몇 가지 화음을 쳐주었습니다. 물론 그 가르침만으로 기타를 제대로 다룰 수 있는 것은 아닙니다. 다만 뭔가를 시작하기 위한 계기는 되었습니다.

소년은 훗날 자라서 트럭 운전수가 되었다가 1956년 싱글앨범 〈하트브레이크 호텔〉로 큰 인기를 끌었고, 미국과 영국은 물론 세계에서 사랑받는 가수가 되었습니다. 〈러브 미 텐더〉, 〈블루 하와이〉 등 영화에도 출연하며 선풍적인 인기를 얻어 1960년대 가장 사랑받는 스타가 되었습니다.

한때 가난뱅이의 자식이라고 놀림을 받았던 소년이 바로 '로큰롤의 황제'로 불리는 엘비스 프레슬리입니다.

인간에게는 누구나 보이지 않는 무한한 능력이 있으며 그 능력을 개발하면 누구나 대성공자가 될 수 있습니다. 가난뱅이, 열등생 소년이 해냈다면 우리 또한 못할 리 없지 않습니까? 자신을 믿고 희망을 키우며 밝은 미래를 향해 하루하루 전진합시다.

•• 성실함은 반드시 보답한다

요즘에는 자기가 해야 할 일인데도 뺀질거리며 마지못해서 하는 사람이 많은 것 같습니다. 그러나 남보다 더 성공적인 삶을 원한다면 남이 시키지 않아도 스스로 일을 찾아서 할 줄 아는 사람이 되어야 합니다.

어느 부자가 보트 한 척을 샀습니다. 그는 보트에 가족들을 태우고 호수로 나가 낚시를 하고는 했습니다.

그러던 어느 날, 여름이 지나서 부자는 배를 뭍으로 끌어올렸습니다. 그런데 배 밑창에 작은 구멍이 하나 뚫려 있는 게 아닙니까? 겨울 동안에는 보트를 타지 않기 때문에 '구멍은 내년 봄에 탈 때 고쳐야지' 하는 생각으로 보트를 그대로 두었습니다. 대신 칠장이를 불러 말끔히 칠을 해두었습니다.

이듬해 봄이 되자 어린 두 아들이 빨리 보트를 타고 싶다고 졸랐습니다. 그는 보트에 뚫린 구멍은 까마득히 잊어버리고 아무 생각 없이 아이들을 호숫가로 내보냈습니다. 얼마쯤 지났을까? 부자는 갑자기 보트에 구멍이 뚫렸다는 사실을 생각해냈습니다. 아이들은 아직 수영도 하지 못하고 노를 젓는 것도 서툴렀습니다. 그는 몹시 당황해 부리나케 호숫가로 달려갔습니다.

그런데 놀랍게도 아이들이 보트 타기를 무사히 마치고 집으로 돌아오는 중이었습니다. 그는 얼른 보트의 밑바닥을 살펴보았습니다. 작년 겨울에 뚫려 있던 구멍은 누군가에 의해 튼튼하게 막아져 있었습니다. 그는 문득 짚이는 데가 있어 칠장이를 찾아갔습니다. 그리고 선물을 한 아름 건네자 영문을 모르는 칠장이가 어리둥절해하며 물었습니다.

"아니, 나리! 칠해드린 값은 작년에 이미 받았는데 이건 뭡니까?"

그러자 부자는 다음과 같이 말했습니다.

"나는 당신에게 칠만 해달라고 부탁했습니다만 당신은 칠을 하면서 구멍까지 막아주었소. 그 때문에 오늘 내 아들 둘이 목숨을 건졌소. 당신의 꼼꼼함이 두 생명을 건진 것이오."

대수롭지 않은 작은 성실이 생명을 살렸을 뿐 아니라 고객의 신용을 얻게 했습니다. 성실은 모든 덕의 근본이며 인간 행동의 표준입니다. 여러분은 성실을 얼마나 실행하고 계십니까? 우리 모두 성실하게 일합시다.

히토리 씨가 전하는 소식

얼마 전 제 누이가 치바에서 '히토리 씨의 팬이 모이는 가게'를 열었습니다.

입장료를 500엔 받고 있는데 커피와 수제비를 무제한으로 드리고 있습니다.

물론 먹을거리를 가지고 오셔도 환영합니다.

함께 모여 즐거운 하루를 보내는 가게를 만드는 것이 목표랍니다.

마음씨 고운 누님을 만나러 꼭 놀러오세요.

오시는 길 JR치바(JR千葉) 역에서 소부(総武) 본선을 타고 나루토(成東) 역에서 내려 걸어서 7분 거리

주소 치바현 산무시 와다353-2(千葉県山武市和田353-2)

전화번호 0475-82-4426

정기 휴일 매주 월요일, 금요일

영업 시간 오전 10시~오후 4시

옮긴이 **한성례**

1955년 전북 정읍 출생. 세종대학교 일어일문과와 동대학 정책과학대학원 국제지역학과(일본학)를 졸업했다. 1986년 《시와 의식》 신인상으로 등단. '허난설헌 문학상'과 일본에서 '시토소조 상'을 수상했다. 지은 책으로는 한국어 시집 《실험실의 미인》, 일본어 시집 《감색치마폭의 하늘은》, 《빛의 드라마》 등이 있다. 옮긴 책으로는 《한없이 투명에 가까운 블루》, 《사는 방법의 연습》, 《스트로베리 나이트》, 《다시 공부하고 싶은 나이, 서른》, 《백은의 잭》 등이 있으며, 그 외 한국 시인들의 시도 일본어로 다수 번역 출간했다. 현재 세종사이버대학교 정책과학대학원 국제지역학과 겸임교수로 재직 중이다.

철들지 않은 인생이 즐겁다

초판 1쇄 발행 2012년 7월 30일
개정판 1쇄 발행 2020년 3월 17일
개정판 3쇄 발행 2023년 9월 21일

지은이 사이토 히토리
옮긴이 한성례
펴낸이 이범상
펴낸곳 (주)비전비엔피 · 비전코리아

기획 편집 이경원 차재호 정락정 김승희 박성아 신은정
디자인 최원영 허정수
마케팅 이성호 이병준
전자책 김성화 김희정
관리 이다정

주소 우)04034 서울시 마포구 잔다리로7길 12 (서교동)
전화 02)338-2411 | **팩스** 02)338-2413
홈페이지 www.visionbp.co.kr
인스타그램 www.instagram.com/visionbnp
포스트 post.naver.com/visioncorea
이메일 visioncorea@naver.com
원고투고 editor@visionbp.co.kr
등록번호 제313-2005-224호

ISBN 978-89-6322-162-5 03320

· 값은 뒤표지에 있습니다.
· 잘못된 책은 구입하신 서점에서 바꿔드립니다.